Russian
Stage Two

American Edition

Workbook

Синтия Мартин, Инга Соколова

РУССКИЙ ЯЗЫК

этап второй

американское издание

Рабочая тетрадь

Под редакцией Д. Дэвидсона

CTR

KENDALL/HUNT PUBLISHING COMPANY
2460 Kerper Boulevard P.O. Box 539 Dubuque, Iowa 52004-0539

Cynthia Martin, Inga Sokolova

RUSSIAN

stage two

American Edition

Workbook

Series Editor Dan E. Davidson

KENDALL/HUNT PUBLISHING COMPANY
2460 Kerper Boulevard P.O. Box 539 Dubuque, Iowa 52004-0539

CREDITS

Design, Cover and Illustrations by:
Tatiana Zagorskaya

Photo Credits:
© Albert Lekhmus

Рабóчая тетрáдь

Grammar Topics

Урок 1: Давáйте познакóмимся!

1. Accusative case in the construction: **Как вас (егó, её) зовут́? Меня́ (егó, её, брáта, сестру́) зову́т. . . ..**
2. Absence of the verb **есть** "to be" in the present tense in constructions of the type: **Э́то Натáша. Онá моя́ сосéдка. Онá студéнтка. Онá ру́сская.**
3. Accusative case after the verbs **учи́ть, знáть ру́сский язы́к;** adverbial form (по-ру́сски) after the verbs **говори́ть, читáть, понимáть.**
4. Semantics and governance of the verbs **учи́ться (где)** and **занимáться (чем, где, скóлько врéмени).**
5. Prepositional case of location after the verbs **роди́ться, жить, учи́ться, рабóтать.**
6. Presence of the verb **есть** in constructions of possession of the type **У меня́ есть брат (маши́на).** Absence of the verb **есть** in the present tense in this type of construction if the attention of the speaker is directed toward the quality or quantity of the object or on the time of the event: **У меня́ стáрая маши́на. У меня́ ты́сяча дóлларов. У нас контрóльная в два часá.**
7. Impersonal construction of the type: **Мне интерéсно.**
8. Reported speech.
   Roots: -знай- (-знак-), -з/в-, -уч- (-ук-), -раб-, -жив- (-жит-) , -мест-, -лёг-, -твёрд-, -яс/н-

Урок 2: Как проéхать? Как пройти́?

1. Spatial prepositions and their compliments:
   óколо, напроти́в, недалекó от, спрáва от, слéва от, бли́зко от + чегó (когó); ря́дом с, мéжду, за + чем (кем)
2. Juxtaposition of unidirectional (**идти́, éхать**) and multidirectional (**ходи́ть, éздить**) verbs of motion in the present tense. Unidirectional verbs used to indicate motion in a single direction at the time of the utterance, and mulitdirectional verbs used to indicate repeated action.
3. Use of multidirectional verbs of motion in past, present and future tense to indicate where the subject has been, is, or will be: **Я ходи́л к дру́гу. = Я бы́л у дру́га. Онá чáсто éздит к роди́телям. = Онá чáсто бы́вает у роди́телей. Когдá я бу́ду в Москвé, я чáсто бу́ду у вас. = Когдá я бу́ду в Москвé, я чáсто бу́ду ходи́ть к вам.**
4. Unidirectional verbs of motion in the past tense only as:
   a) the background for the action of the main verb, and
   b) when the focus of the utterance is on the circumstances surrounding the action.
5. Use of multidirectional verbs of motion in the past, present, and future to indicate 1.) truly indeterminate motion such as walking around, riding around (**ходи́ть по пáрку, éздить по гóроду,** note the use of the preposition **по** + the dative to indicate the place where the action occurs); 2. generic description of the action, including ability, the liking or fearing of an action, etc., for which multidirectional verbs are used with verbs like **умéть, люби́ть, боя́ться.**
6. Use of multidirectional verbs in the past tense to indicate a single round trip in the past. (**Ли́нда и Сáша ходи́ли в цирк. = Ли́нда и Сáша бы́ли в цирк.**)

7. The relationship between transitive and intransitive verbs of motion. (идти́ - нести́, вести́, везти́; ходи́ть - носи́ть, води́ть, вози́ть; е́хать - везти́; е́здить - вози́ть).
8. Prefix по- added to unidirectional verbs of motions in the past and future to indicate 1) the beginning of an action or a shift in speed or direction; 2) intention to do something in the future.
9. Verbs of motion with spatial prefixes. The formation of aspectual pairs: приходи́ть-прийти́; приезжа́ть-прие́хать; прибега́ть-прибежа́ть; прилета́ть-прилете́ть; приплыва́ть-приплы́ть.
10. Semantics of verbs of motion with spatial prefixes: при-, у-, в-, вы-, от-, под-, про-.
11. Aspect in verbs of motion with spatial prefixes: repetitive action expressed by imperfective.
12. Juxtaposition of the use of the words мно́го, мно́гие and не́сколько, не́которые.
13. Reported speech.
   Roots: -близ-, -дал-, -ряд-, -против-, -ход-, -нос-(-нёс-), -воз- (-вёз-), -вод- (-вёд-)

Уро́к 3: Когда́? Во ско́лько? На ско́лько?

1. Review of Time Expressions (*Stage I: XIV, Main textbook, p. 511-512*).
2. Aspect: Use of perfective to indicate a single action in the past or future, use of imperfective to indicate habitual, repetitive action in past, present or future.
3. Time expressions with days, months and seasons of the year.
4. Time expressions with the prepositions с + genitive (time from), на + accusative (for how long), через + accusative (after how long), за + accusative . . . . до + genitive (X time before Y).
5. Aspect: An imperfective verb is used to express the time period during which a given action takes place (time is expressed in the accusative with no preposition) ; за + accusative and a perfective verb is used to indicate the time period which was (will be) required to complete a given action.
6. Aspect in the past: Imperfective is used when the attention of the speaker is focused on the action itself, whereas perfective is used when the speaker's attention is focused on the result.
7. Aspect of infinitives after certain verbs:
   Imperfective infinitive after phasal verb начина́ть-нача́ть, конча́ть-ко́нчить, продолжа́ть-продо́лжить. Perfective infinitive after the verbs успе́ть and забы́ть.
8. Use of Imperfective aspect to indicate simultaneity of more than one action, often with conjunctions of the type пока́; и; в то вре́мя, как; когда́.
9. Use of the perfective aspect to indicate that two or more actions occurred (will occur) consecutively, often with conjunctions such as снача́ла. . .пото́м; перед тем, как; до того́, как.
10. Juxtaposition of transitive verbs such as умыва́ть-умы́ть, одева́ть-оде́ть, пречёсывать-причеса́ть (кого́) and the intransitive reflexive verbs умыва́ться-умы́ться, одева́ться-оде́ться, пречёсываться-причеса́ться when the subject and the object are the same.
11. Short-form adjectives used as predicates: **Он свобо́ден. Она́ занята́. Они́ гото́вы.**
12. Demonstrative pronoun: **сам, сама́, само́, са́ми.**
13. Juxtaposition of perfective-imperfective aspect in the past tense with negation. Imperfective is used to indicate that the action hasn't occurred at all yet. (**Я ещё не писа́ла письмо́.** I still haven't written the letter.). Perfective is used when the speaker wishes to emphasize the absence of a result (**Я ещё не написа́ла письмо́.** I haven't finished the letter yet (though I have worked on it).
14. Reported speech.
   Roots: -врем-, -ран-, -позд-, -ч/н-, -кон-, -спей- (-успех-), -своб-од-, -ден-

Урок 4: Как он (она́) вы́глядит? В чём он (она́)?

1. Use of short form adjective похо́ж, похо́жа, похо́жи as a predicate to express similarity: Брат и сестра́ похо́жи. Сын похо́ж на отца́.
2. Constructions for describing personal appearance: У кого́ что́ (У него́ голубы́е глаза́.) and Кто с чем (Она́ с тёмными волоса́ми.)
3. Constructions for describing clothing: кто в чём (ма́льчик в спорти́вном костю́ме); кто что́ но́сит (она́ но́сит джи́нсы); кто в чём хо́дит (он хо́дит в шо́ртах); кому́ что́ идёт (не идёт) (тебе́ идёт ро́зовая блу́зка)
4. Juxtaposition of the use of imperfective-perfective aspects of the verb нра́виться-понра́виться. Imperfective used to describe a usual, permanent state: Мне нра́вится чёрный цвет. Perfective is used to indicate the beginning of the state of liking something: Мне он сра́зу понра́вился.
5. Aspect: Imperfect infinitive is obligatory in the following cases:
   a) to indicate the negation of the action itself, ie. that the action did not, will not, should not take place. In this case the negative particle не stands immediately before the infinitive.
   b) after не на́до, не ну́жно, не сле́дует, не сто́ит, не при́нято to indicate the absence of necessity to perform the given action.
6. The imperfective in the past tense to indicate that the result of the action has been annulled by the moment of the utterance vs. a perfective in the past tense to indicate that the result of the action is still in effect at the time of the utterance.
7. Demonstrative personal pronoun сам, сама́, само́, са́ми.
8. Verbs спра́шивать-спроси́ть (to ask a question) vs. проси́ть-попроси́ть (to make a request).
9. Reported speech.
   Roots: -гляд-, -рост- (-раст-), -крый- (-крой-), -прос-, -вид-

Урок 5: Где мо́жно купи́ть. . . ?

1. Juxtaposition of the following constructions:
   a) "Indefinite-personal construction" using a third-person plural form of the verb with no explicit subject with the object in the accusative case: Там продаю́т ста́рые кни́ги.
   b) Passive construction expressed by a reflexive verb where the object is the grammatical subject and therefore stands in the nominative case: Там продаю́тся ста́рые кни́ги.
2. Formation and use of the simple comparative degree of adjectives and adverbs.
3. Second-person imperative: Купи́(те), Смотри́(те).
4. Aspect in the Imperative:
   a) Imperfective for 1) general advice; 2) polite invitation; 3) to indicate how the action should be performed (акура́тно, бы́стро, etc.) and 4) to prompt the beginning of the action that has already been requested in the perfective.
   b) Perfective to request or advise that a single action at a single time be performed.
5. Aspect in the negative imperative:
   a) Imperfective imperative used after не to request or advise that an action not be performed.
   b) Perfective imperative after не to warn of danger or to admonish that if an action is performed, it may yield undesirable results.
6. Use of perfective infinitive after нельзя́ to indicate impossibility of an action. Use of imperfective infinitive after нельзя́ to indicate prohibition.

7. Review of the "double negation" rule in Russian: Use of negative pronouns (**ничего́, никто́, никако́й, ниче́й**) and negative adverbs (**нигде́, никуда́, никогда́**) after negated verbs.
8. Reported speech.
   Roots: -дат- (-дай-), -дар- (-дай-), -вер-, -цен-, -плат-, -вет-, -яв-

Урок 6: Прия́тного аппети́та!

1. Intransitive verbs: **стоя́ть, лежа́ть, висе́ть, сиде́ть** and their corresponding transitive verbs: **ста́вить-поста́вить, класть-положи́ть, ве́шать-пове́сить, сажа́ть-посади́ть.**
2. Review of case usage and verbs after numbers.
3. Instrumental case after the preposition **с** in descriptions: **Пиро́г с мя́сом;** and without a preposition as an agent: **Писа́ть кра́сной ру́чкой.**
4. Juxtaposition of indefinite pronouns and adverbs with the particles **-то** and **-нибудь.** **-то** is used when the object actually exists but the speaker chooses, for some reason, not to name it. **-нибудь** is used when the speaker wishes to convey indifference.
5. First-person imperative: **Дава́йте** plus infinitive in imperfective, and with a first-person plural verb in perfective.
6. Third-person imperative (**Пусть. . . .**).
7. **Пора́** + imperfective aspect to indicate that it is time to begin the given action.
8. The construction **мы с Са́шей (вы с И́рой, они́ с Оле́гом)** to indicate a plural inclusive subject.
9. Reported speech.
10. Formation and use of verbal adjectives (participles). Juxtaposition of participle and **«кото́рый»** clauses.
    Roots: -кус-, -гост-, -пёк- (-печ-)

Урок 7: Бы́ли ли вы на премье́ре?

1. Preposition **по** + dative in definitions: **Кака́я пье́са? Пье́са по рома́ну Булга́кова.**
2. Perfective verb **сходи́ть** meaning "there and back" one time in the past or future.
3. Subordinate clauses introduced by **кото́рый.**
4. Use of short-form adjective: **дово́лен, дово́льна, дово́льны чем** as a predicate.
5. Semantics of Study Verbs.
6. Superlative degree of adjectives and adverbs.
7. Juxtaposition of active and passive constructions, whereby the passive meaning is expressed by short-form verbal adjectives (participles).
8. Reported speech.
9. Juxtaposition of usage of long- and short-form adjectives, whereby the short form is used when the quality described is limited in some way.
10. Short-form adjectives used in constructions, in which the subject is **то́, что́, одно́,** etc.
    Roots: -з/р-, -став-

Урок 8: Как вы себя́ чу́вствуете?

1. Verb **боле́ть** (stem **боле́-**)
2. Verb **боле́ть-заболе́ть** (stem **боле́й-**).
3. Short-form adjective **бо́лен, больна́, больны́.**

4. Constructions to express one's state of health: 1) **Кто как себя чу́вствует? Я пло́хо себя́ чу́вствую.** 2) The impersonal construction: **Кому́ как? Мне пло́хо.**
5. Constructions to describe the weather: **Зимо́й там холо́дная пого́да. Сего́дня хо́лодно.**
6. Review of aspect: Imperfective verbs used to describe simultaneous actions, perfective used to describe consecutive ones.
7. Causal expressions using the conjunctions **потому́ что** and **поэ́тому.**
8. Real conditions introduced by **е́сли.**
9. Expressions of conditions: a) real conditions introduced by **е́сли,** b) hypothetical mood, conditional mood, contrary to fact expressed by **е́сли бы . . .**
10. Subordinate clause introduced by **что́бы:**
    a) **что́бы** + infinitive when the subject of both clauses is the same: **Я зашёл в апте́ку, что́бы купи́ть лека́рство.**
    b) **что́бы** + past tense when the subjects of the two clauses are different: **Я зашёл к врагу́, что́бы он вы́писал реце́пт.**
11. Reported speech.
    Roots: **-бол-, -жал-, здоров- (-здрав-), -жар-, -холод-(-хлад-), -тёп-/л, -свет-, -тём-/н**

Урок 9: Чем вы увлека́етесь? Что́ вас интересу́ет?

1. Semantics and usage of the verbs **занима́ться, увлека́ться, интересова́ться** + чем.
2. Semantics and usage of the verb **игра́ть на чём** (instruments), **игра́ть во что́** (sports).
3. Juxtaposition of unprefixed verbs of motion (uni- vs. multi-directional).
4. Juxtaposition of the construction containing reflexive verbs: **Кто интересу́ется чем?** and constructions containing transitive verbs: **Кого́ интересу́ет что́?**
5. Use of imperfective infinitive after the verbs: **начина́ть-на́чать, привыка́ть-привы́кнуть, отвыка́ть-отвы́кнуть, надоеда́ть-надое́сть, устава́ть-уста́ть.**
6. Construction **оди́н (одна́) из** + genitive plural: **Оди́н из на́ших преподава́телей филатели́ст.**
7. Use of preposition **по** + dative in expressions of definition: **чемпиона́т по ша́хматам.**
8. Subordinate clause introduced by **кото́рый.**
9. Semantics and usage of the verbs: **игра́ть-сы́грать, выи́грывать-вы́играть, прои́грывать-проигра́ть.**
10. Juxtaposition of transitive **ви́деть, встре́тить, познако́мить,** vs. intransitive verbs **ви́деться, встре́титься, познако́миться с кем.**
11. Reported speech.

Урок 10: Мы путеше́ствуем!

1. Multidirectional verbs **е́здить, лета́ть, пла́вать** in the past tense to mean round trip.
2. Preposition **по** + dative to indicate place where the action took place: **Мы путеше́ствовали по Евро́пе.**
3. Short-form adjective **дово́лен, дово́льна, дово́льны** чем as predicate.
4. Usage of impersonal constructions such as: **Мне бы́ло интере́сно. Нам бы́ло ску́чно.**
5. Unidirectional verbs of motion **е́хать, лета́ть, плы́ть на чём** or **чем** to indicate means of transportation to a specific destination. **Мы лете́ли самолётом (на самолёте) в Ри́гу.**

6. Intransitive perfective verbs **сходи́ть** and **съе́здить** to indicate one-time round trip in past or future. (The prefix **с–** has a non-spatial meaning here.)
7. Juxtaposition of perfective verbs **походи́ть** ("for a little while") and **проходи́ть** ("for a long while"), their semantics and usage. (The prefixes **по-** and **про-** here are temporal, not spatial.)
8. Use of short-form adjectives **ви́ден, видно́, видна́, видны́** as predicates.
9. Usage of verbal adverbs (gerunds): perfective aspect is used to indicate that the action described by the verbal adverb precedes the action of the main verb; imperfective aspect is used to indicate that the action of the gerund and that of the main verb occur simultaneously.
10. Reported speech.
    Roots: -пут-, -вид-

Рабочая тетрадь

1 ▶ 1. Provide complete conjugations for the following verb stems (stems in **bold**):
(A chart of verb classifiers is provided in Appendix XI of this main textbook. For a review of the single stem verb system, see *Stage I: Analysis, Unit V, 5.0 and Appendix VI. (Note: All references to Stage I are to the Exercise/Reference Book, unless otherwise indicated.))*

представля́й—ся   предста́ви—ся
знако́ми—ся   нра́ви—ся

infinitive
non-past   past tense

я   мы   он

ты   вы   она́

он, она́, оно́   они́   оно́

                                                    они́

imperative

2. a. Identify (circle) the root in each of the words derived from it.
 b. Find the English equivalents.

—знай— (—знак—) know, sign

знать	a sign, symbol
узнава́ть-узна́ть	stranger
зна́ние	pin, badge
знако́миться–познако́миться	to mean
знако́мый	to know
знако́мый (-ая, -ое, ые)	*adj.* familiar
незнако́мец, незнако́мка	famous, well-known
значе́ние	knowledge
зна́чить	to meet, get acquainted with
знак	to find out
значо́к	*noun* acquaintance
знамени́тый	meaning, significance

—з/в— call, —voke,

звать (Меня́ зову́т О́ля.)	vocation, calling
звать–позва́ть	to be called, named (inanimate objects)
(Ма́ма зовёт дете́й домо́й.)	
называ́ться *intrans.* (называ́ть-назва́ть *trans.*)	to be named (animate objects)
(Э́та у́лица называ́ется Проспе́кт Ми́ра.)	
назва́ние	to call, yell for
призва́ние	name
вызыва́ть–вы́звать	to call for, summon

c. Assign the words from #2 to one of the following categories:

кто?	что?	какой?	что де́лать? что сде́лать?
знако́мый	зна́ние	знако́мый	знако́миться

> Дава́йте познако́мимся.
> Меня́ зову́т Джон.

3. Answer the following questions using full sentences. You will find the answers in Linda's diary entry of September 3.

   1. Как зову́т америка́нского студе́нта, кото́рый сиде́л ря́дом с Ли́ндой в самолёте? Отку́да он?
   2. Как зову́т ребя́т из Моско́вского университе́та, кото́рые встреча́ли в аэропорту́ америка́нских студе́нтов?
   3. Как зову́т де́вушку, с кото́рой Ли́нда познако́милась в общежи́тии? Отку́да она́?

4. Compose sentences according to the model:

   моя́ ма́ма, Бэ́тси
   Мою́ ма́му зову́т Бэ́тси. Её зову́т Бэ́тси.

   1. мой оте́ц, Джефф 2. его́ брат, Том 3. его́ сестра́, А́нна
   4. моя́ сестра́, Ни́на 5. её оте́ц, Ива́н 6. мой друг, Са́ша
   7. моя́ сосе́дка, Ната́ша 8. я, Ли́нда

2 ▶ 5. Provide the full declensions (singular and plural) of the following words: **знако́мый, учёный.** Remember: these words are declined like adjectives but function as nouns.

> Э́то Ната́ша. Она́ моя́ сосе́дка. Она́ студе́нтка.

6. Compose short dialogues according to the model:

   э́та де́вушка, Ли́нда, подру́га, студе́нтка
   — Кто э́та де́вушка?
   — Э́то Ли́нда. Она́ моя́ подру́га.
   — А кто она́?
   — Она́ студе́нтка.

   1. молодо́й челове́к, Ива́н, друг, аспира́нт 2. э́та же́нщина, О́льга Петро́вна, знако́мая, преподава́тельница 3. э́тот па́рень, Серге́й, сосе́д, студе́нт 4. э́та де́вушка, Ната́ша, сосе́дка, аспира́нтка 5. э́тот челове́к, Никола́й Бори́сович, знако́мый, преподава́тель

Джон американец.

7. Answer according to the model *(Appendix VI. Also, see Stage I: Unit III, 10.0.)*:

— Он из Америки?
— **Да, он американец.**

1. Они́ из Росси́и?
2. Он из По́льши?
3. Они́ из А́нглии?
4. Ты из Фра́нции?
5. Он из Испа́нии?
6. Вы из Япо́нии?
7. Они́ из Ита́лии?
8. Он из Герма́нии?

9. Она́ из Аме́рики?
10. Вы из Кита́я?
11. Он из Португа́лии?
12. Они́ из Аргенти́ны?
13. Ты из Ме́ксики?
14. Она́ из Изра́иля?
15. Он из Гре́ции?
16. Он из Финля́ндии?

Ли́нда ещё не о́чень хорошо́ **говори́т по-ру́сски.**
Ли́нда **у́чит ру́сский язы́к** уже́ год.

3 ▶ 8. Read and analyze the following sentences. When do we use the adjective and the noun (such as **англи́йский язы́к**), and when do we use the adverb form (such as **по-англи́йски**)?

1. Ната́ша зна́ет **англи́йский язы́к.**
2. И́нна хорошо́ **чита́ет и понима́ет по-англи́йски,** но **говори́т по-англи́йски** не о́чень хорошо́.
3. Ната́ша предложи́ла Ли́нде **говори́ть по-англи́йски,** но Ли́нда предпочита́ет **говори́ть по-ру́сски.**
4. Мэ́ри **учи́ла неме́цкий язы́к** ещё в шко́ле, и прекра́сно **говори́т по-неме́цки.**
5. Мари́я италья́нка, её родно́й язы́к **италья́нский,** но она́ непло́хо **зна́ет францу́зский язы́к.**
6. А́ли до́лго жил в Испа́нии, и хорошо́ **зна́ет испа́нский язы́к,** но он из Ира́ка, и его́ родно́й язы́к **ара́бский.** До́ма он **говори́т** то́лько **по-ара́бски.**

9. Answer according to the model.

Вы говори́те по-испа́нски?
— **Да, испа́нский — мой родно́й язы́к.**

1. Он говори́т по-ру́сски?   2. Ва́ша ма́ма говори́т по-англи́йски?   3. Ваш оте́ц говори́т по-францу́зски?   4. Ва́ша ба́бушка говори́т по-ара́бски?   5. Ваш де́душка говори́т по-неме́цки?   6. Ваш брат говори́т по-италья́нски?   7. Ва́ша сосе́дка говори́т по-япо́нски?   8. Ва́ша сестра́ говори́т по-португа́льски?   9. Ваш сосе́д говори́т по-украи́нски?   10. Ва́ша тётя говори́т по-че́шски?   11. Ваш дя́дя говори́т по-по́льски?   12. Вы говори́те по-кита́йски?

10. Continue as in the model:

a. Он не́мец . . . (ру́сский язы́к).
   Он не́мец, но он о́чень хорошо́ зна́ет ру́сский язы́к и говори́т по-ру́сски свобо́дно, без акце́нта.

   1. Она́ америка́нка . . . (неме́цкий язы́к) 2. Они́ эсто́нцы . . . (ру́сский язы́к)
   3. Он францу́з . . . (фи́нский язы́к) 4. Она́ италья́нка . . . (англи́йский язы́к)
   5. Мы ру́сские . . . (францу́зский язы́к) 6. Я англича́нин . . . (ара́бский язы́к)

   Now, using 1–6 above, continue according to the model

b. Он не́мец . . . (ру́сский язы́к).
   Он не́мец и пло́хо зна́ет ру́сский язы́к. Он говори́т по-ру́сски пло́хо, с трудо́м, с акце́нтом.

11. Write a brief composition about yourself and your family using the following questions as an outline.

Кто вы по-национа́льности? Ва́ши роди́тели америка́нцы? Отку́да ваш оте́ц? Отку́да ва́ша ма́ма? Отку́да ва́ша ба́бушка? Отку́да ваш де́душка? Како́й родно́й язы́к ва́шей ма́мы (ва́шего отца́, ва́шей ба́бушки, ва́шего де́душки)? Ва́ша ма́ма (ваш оте́ц, ва́ша ба́бушка, ваш де́душка) свобо́дно, без акце́нта, говори́т по-англи́йски? Вы давно́ занима́етесь ру́сским языко́м? Как вы говори́те по-ру́сски? Каки́е други́е языки́ вы ещё зна́ете? Бы́ли ли вы уже́ за грани́цей? В каки́х стра́нах вы бы́ли? Есть ли у вас знако́мые иностра́нцы? С каки́м акце́нтом они́ говоря́т по-англи́йски?

4 ▶

> Джон у́чится в университе́те на четвёртом ку́рсе.
> Он занима́ется совреме́нной эконо́микой Росси́и.

12. a. Identify (circle) the root in each of the words derived from it.
   b. Find the English equivalents.

   —уч—, —ук— learning

учи́ться	academic
учи́ть–вы́учить (слова́, пра́вила)	textbook
уче́ние	science
уче́бник	scientist
уче́бный (уче́бный год)	learning
учени́к, учени́ца	scientific, scholarly
учёный (noun)	to learn, to study
нау́ка	pupil (used to indicate schoolchildren)
нау́чный	*trans.* to learn something

   c. Translate the words in parentheses into Russian and insert them in the proper form.

   1. Мы занима́емся по но́вому _____ (textbook). 2. Ка́ждый день по́сле уро́ка англи́йского языка́, Ната́ша _____ (learns) но́вые слова́. Сего́дня она́ уже́ _____ (learned) 10 но́вых слов. Она́ о́чень хоро́шая _____ (pupil). 3. Оле́г перево́дчик. Он специали́ст по _____ (scientific) перево́ду. 4. Сего́дня у нас в университе́те чита́ет ле́кцию изве́стный япо́нский _____ (scientist). 5. Киберне́тика о́чень интере́сная _____ (science).

13. Commentary

The verbs **учи́ться** and **занима́ться** are translatable into English as "to study". However, they are used in different contexts in Russian. **Учи́ться** is used to indicate that one is a student and when asking about or naming the institution where one studies. (Other uses of **учи́ться** are not dealt with in this unit.)

Что вы де́лаете? Я то́лько учу́сь. (= Я студе́нт(ка). I'm in school. I'm a student.)
Что де́лает ваш брат? Он у́чится и рабо́тает. (He's in school and works.)
Где вы у́читесь? Я учу́сь в Пенсильва́нском университе́те.

Занима́ться is used to indicate the subject that one studies on an undergraduate level, and is also used to indicate what you are doing at a given time.
Я занима́юсь ру́сским языко́м. (I study Russian.)
Ве́чером я занима́юсь в библиоте́ксе. (I study in the library in the evenings.)

14. Compose sentences as in the model, using the verbs **учи́ться** and **занима́ться**:

Ли́нда, Мэриле́ндский университе́т, ру́сский язы́к
Ли́нда у́чится в Мэриле́ндском университе́те. Она́ занима́ется ру́сским языко́м.

1. Джон, Теха́ский университе́т, эконо́мика 2. Шéррелл, Пенсильва́нский университе́т, исто́рия 3. Ната́ша, Моско́вский университе́т, биоло́гия 4. Бори́с, Петербу́ргский технологи́ческий институ́т, фи́зика 5. Том, шко́ла би́знеса, марке́тинг 6. Йра, энергети́ческий институ́т, киберне́тика

15. Compose three short dialogues as in the model:

библиоте́ка
— Что́ ты бу́дешь де́лать за́втра?
— Бу́ду занима́ться в библиоте́ке.
— Ты до́лго бу́дешь занима́ться?
— Да, я бу́ду рабо́тать весь день. У меня́ ско́ро экза́мен.

1. лингафо́нная лаборато́рия 2. компью́терный центр 3. до́ма

Её специа́льность — микробиоло́гия.

16. Rephrase according to the model:

Моя́ специа́льность — фи́зика.
Я специали́ст по фи́зике.

1. Её специа́льность — эколо́гия мо́ря.
2. Их специа́льность — исто́рия иску́сства.
3. Его́ специа́льность — междунаро́дное пра́во.
4. Его́ специа́льность — совреме́нная америка́нская литерату́ра.
5. Моя́ специа́льность — психоло́гия.
6. Её специа́льность — марке́тинг.

5 ▶ 17. a. Compose sentences as in the model, choosing from each of the columns.

Дави́д о́пытный бизнесме́н. Он давно́ рабо́тает в о́бласти междунаро́дного би́знеса.

Фред	изве́стный	экономи́ст	нау́чный перево́д
Мэ́ри	тала́нтливый	адвока́т	марке́тинг
Билл	спосо́бный	перево́дчик	междунаро́дное пра́во
Ни́на	знамени́тый	рекла́мный аге́нт	торго́вля
Ви́ктор	хоро́ший	консульта́нт	междунаро́дная эконо́мика
Ким	отли́чный	врач	ми́крохирурги́я

b. Continue according to the model:

Мой друг — продаве́ц. (кни́жный магази́н)
Он рабо́тает продавцо́м в кни́жном магази́не.

1. Моя́ подру́га — секрета́рь. (госдепарта́мент)
2. Кристи́на — официа́нтка. (кита́йский рестора́н)
3. И́нна — перево́дчик. (информацио́нное бюро́)
4. Мой брат — реда́ктор. (городска́я газе́та)
5. Её сестра́ — бухга́лтер. (строи́тельная компа́ния)
6. На́ша знако́мая — адвока́т. (юриди́ческая консульта́ция)
7. Стив и Джон — программи́сты (компью́терный центр)
8. Ка́трин — ба́нковский слу́жащий. (междунаро́дный банк)
9. Дави́д — меха́ник. (гара́ж)

18. a. Read the following sentences. Note the agreement of the adjective with the predicate.

1. Мари́я — молодо́й психо́лог.
2. Его́ сестра́ — о́пытный бухга́лтер
3. На́ша подру́га — отли́чный инжене́р
6. Её дочь — хоро́ший адвока́т.
7. О́льга — о́пытный бизнесме́н.

b. Render the sentences in a) into the past tense according to the model. (Pay attention to the aggreement of the verb with the subject and the agreement of the adjective with the predicate.) *(Stage I: Unit XIII, 1.1)*

Мари́я — молодо́й психо́лог.
Мари́я была́ молоды́м психо́логом.

c. Now in the future.

Мари́я — молодо́й психо́лог.
Мари́я бу́дет психо́логом.

19. Compose sentences as in the model, choosing from the three columns:

Моя́ ма́ма врач. Она́ рабо́тает в больни́це.

Моя́ ма́ма	официа́нтка	больни́ца
Мой оте́ц	медсестра́	гара́ж
Мой друг	продаве́ц	юриди́ческая консульта́ция
Моя́ знако́мая	адвока́т	информацио́нное аге́нство
Мой сосе́д	меха́ник	рестора́н
Моя́ сосе́дка	перево́дчик	магази́н

6 ▶ 20. a. Identify (circle) the root in each of the words derived from it.

b. Find the English equivalents.

—раб— work

рабо́тать	*noun* unemployed person
рабо́та	work, job
рабо́тник	unemployment
рабо́чий	to earn
рабо́чий (-ая, -ое, ие)	to work
(рабо́чий день, рабо́чее вре́мя,	
рабо́чая неде́ля)	
раб	slave
ра́бство	slavery
безрабо́тица	*noun* worker who does physical labor
безрабо́тный	worker, employee
зараба́тывать, зарабо́тать	*adj.* work

—жив—, —жит— life

жить	life-loving, cheerful
жизнь	elderly
живо́й	animal
жи́тель	life
пожило́й	alive
общежи́тие	residential
жизнера́достный	to live
живо́т	*m.* inhabitant
живо́тное	dormitory (common living space)
жило́й	stomach

c. Translate the words in parentheses into Russian and insert them in the proper form.

1. У нас о́чень мно́го _____ (work). 2. Кто э́тот челове́к? Он _____ (employee) на́шего институ́та. 3. В э́той стро́ительной компа́нии _____ (work) то́лько квалифици́рованные _____ (workers). 4. Мой друг сейча́с _____ (unemployed).

d. Assign the words from the groups above to one of the following categories:

кто?	что?	како́й?	что де́лать? что сде́лать?

21. Complete the sentences using the words in parentheses (Pay particular attention to the use of the prepositions **в** and **на**). *(Appendix VIII. Also, see Stage I: Unit IV: 4.0.)*

Ра́ньше моя́ ма́ма рабо́тала в апте́ке. . . . (по́чта)
Ра́ньше моя́ ма́ма рабо́тала в апте́ке, а сейча́с она́ рабо́тает на по́чте.

1. Ра́ньше он рабо́тал в рестора́не… (би́ржа)
2. Ра́ньше я жила́ в це́нтре Вашингто́на… (окра́ина)
3. Ра́ньше она́ учи́лась в шко́ле би́знеса,… (экономи́ческий факульте́т)
4. Ра́ньше они́ жи́ли в Калифо́рнии… (Аля́ска)
5. Ра́ньше мой па́па рабо́тал на заво́де… (гара́ж)
6. Ра́ньше мой брат рабо́тал в констру́кторском бюро́… (ча́стная фи́рма)
7. Ра́ньше моя́ сестра́ учи́лась на ку́рсах неме́цкого языка́… (шко́ла диза́йна)
8. Ра́ньше моя́ ба́бушка жила́ на Гава́йских острова́х… (Кана́да)
9. Ра́ньше он рабо́тал на ра́дио,… (госдепарта́мент)
10. Ра́ньше он служи́л в а́рмии*, а сейча́с у́чится… (юриди́ческий факульте́т)
11. Ра́ньше она́ рабо́тала… (банк), а сейча́с она́ на пе́нсии.*

_____
(*служи́ть в а́рмии = to serve in the army;   быть на пе́нсии = to be retired)

22. Compose 10 sentences choosing from each of the columns below. Remember: **жить, рабо́тать, учи́ться, роди́ться** all answer the question **Где?** and are used with **в, на** + prepositional.

Мой брат живёт в Бо́стоне.

Мои́ роди́тели	жить	Москва́
Са́ша и его́ друг Бори́с	рабо́тать	общежи́тие
Моя́ подру́га	учи́ться	Вашингто́н
Мой брат	роди́ться	пло́щадь Пу́шкина
Америка́нские студе́нты		университе́т
		шко́ла би́знеса
		экономи́ческий факульте́т
		юриди́ческая консульта́ция
		гара́ж

23. Compose a short essay about yourself, using the following questions as an outline:

Где вы у́читесь (в како́м университе́те, на како́м факульте́те)? Чем вы занима́етесь? Вы мно́го занима́етесь? Где вы обы́чно занима́етесь (в библиоте́ке, до́ма, в компью́терном це́нтре. . . .)? Когда́ вы занима́етесь (у́тром, днём, ве́чером)? Сейча́с вы то́лько у́читесь, и́ли у́читесь и рабо́таете? Е́сли вы рабо́таете, где и кем?   Где вы сейча́с живёте?

7 ▶ 24. Provide full declensions (singular and plural) of the following nouns: **сестра́** (BA), **мать** (AC), **дочь** (AC). *(Appendix IX.)*

У него́ есть друзья́.
У него́ нет друзе́й.
У него́ мно́го друзе́й.

25. Answer as in the model. *(Stage I: Unit VII, 1.0-1.7)* Review the use of cases after the numbers: 1 + nominative singular; 2, 3, 4, + genitive singular; 5 and above + genitive plural. *(Stage I: Unit VIII, 2.0–2.15)*

— У тебя́ есть брат? (сестра́)
— **Нет, у меня́ нет бра́та, но у меня́ есть сестра́.**

1. У тебя́ есть кварти́ра? (ко́мната)   2. У тебя́ есть сестра́? (брат)
3. У тебя́ есть дочь? (сын)   4. У тебя́ есть ба́бушка? (де́душка)
6. У тебя́ есть тётя? (дя́дя)   7. У тебя́ есть де́душка? (ба́бушка)

26. Answer according to the model:
(Note: when we focus our attention not on the existence of an object but on a different aspect of it (ie. quality, quantity, place, time, etc. . . .) есть is *not* used. This is the case in the second sentence of each answer.)

— У вас есть больша́я тетра́дь? (ма́ленький)
— **Нет, у меня́ нет большо́й тетра́ди. У меня́ то́лько ма́ленькая тетра́дь.**

1. У вас есть кра́сная ру́чка? (чёрный)   2. У вас есть но́вая фотогра́фия? (ста́рый)
3. У вас есть а́нгло-ру́сский слова́рь? (ру́сско-англи́йский)   4. У вас есть
сего́дняшняя газе́та? (вчера́шний)   5. У вас есть но́вая маши́на? (ста́рый)
6. У вас есть больша́я шля́па? (ма́ленький)   7. У вас есть но́вое пла́тье? (ста́рый)
8. У вас есть ма́ленький стол? (большо́й)

27. Provide the missing parts of the dialogues:

— У вас есть до́ллары?
— **Да, есть.**
— Ско́лько у вас до́лларов? (1000)
— **У меня́ 1000 до́лларов.**

1.   —У него́ есть друзья́?
     — . . . .
     —Ско́лько у него́ друзе́й? (ма́ло)
     — . . . .

2.   —У вас есть маши́на?
     — . . . .
     —Кака́я у вас маши́на? (ста́рый)
     — . . . .

3. —У вас есть дом?

  — . . . .

  —Где у вас дом? (центр го́рода)

  — . . . .

4. —У нас есть де́ньги?

  — . . . .

  —Ско́лько у нас де́нег? (мно́го)

  — . . . .

5. —Сего́дня у нас есть контро́льная рабо́та?

  — . . . .

  —Когда́ у нас сего́дня контро́льная? (2:00)

  — . . . .

6. —У вас есть ру́сско-англи́йский слова́рь?

  — . . . .

  —Где он? У кого́ он? (я)

  — . . . .

28. Write a short composition using the following questions as an outline.

У вас есть брат (сестра́, тётя, дя́дя, ба́бушка, де́душка, сын, дочь, муж, жена́)? Ско́лько у вас бра́тьев (сестёр, . . .)? У вас есть до́ма ко́шка, соба́ка? Кака́я у вас ко́шка, соба́ка? У вас есть свой дом (своя́ кварти́ра, маши́на, да́ча, гара́ж)? Где ваш дом (ва́ша кварти́ра, ва́ша да́ча)? Како́й у вас дом (кварти́ра, да́ча, маши́на)? У ва́шего отца́ (ва́шей ма́тери, ба́бушки, сестры́, бра́та . . .) есть свой би́знес (своё де́ло)? У вас есть де́ньги? Ско́лько у вас де́нег? У вас есть до́ллары (рубли́, фра́нки, йе́ны, ма́рки)? Где ва́ши де́ньги?

> Джон о́чень симпати́чный и интере́сный челове́к.
> Иску́сственный интелле́кт — э́то интере́сно!
> Мне интере́сно.

8 ▶

29. Analyze the sentences. What determines the form of the words in boldface. *(Stage I: Unit X, 2.0)*

1. Ли́нда **смешна́я**.	Э́то **смешно́**.	Ему́ **смешно́**.
2. О́ля была́ **гру́стная**.	Э́то **бы́ло гру́стно**.	Мне **бы́ло гру́стно**.
3. Вопро́с был **я́сный**.	Всё **бы́ло я́сно**.	Нам **бы́ло я́сно**.
4. Текст **ску́чный**.	Э́то **ску́чно**.	Тебе́ **ску́чно**.
5. Фа́кты **интере́сные**.	Э́то **интере́сно**.	Ей **интере́сно**.
6. Статья́ **изве́стная**.	Э́то **изве́стно**.	Нам **изве́стно**.
7. Сюрпри́з бу́дет **прия́тный**.	Э́то **бу́дет прия́тно**.	Ей **бу́дет прия́тно**.
8. Ве́чер **бу́дет весёлый**.	Э́то **бу́дет ве́село**.	Ему́ **бу́дет ве́село**.
9. Ты **смешно́й**.	Э́то **смешно́**.	Нам **смешно́**.

30. Translate the words in parentheses into Russian.

1. Почему́ вы смеётесь? Потому́ что э́то (funny).   2. Не обижа́йтесь, пожа́луйста. Вы о́чень (kind).   3. Почему́ вы не слу́шаете? Мне (boring).   4. Вы хорошо́ меня́ по́няли? Да, всё (is clear).   5. Почему́ она́ пла́чет? Потому́ что ей (is sad). 6. Статья́ (is interesting). Сове́тую вам её прочита́ть.   7. Э́то упражне́ние (easy).

31. Compose brief dialogues indicating: **Кому́ бы́ло смешно́, а кому́ бы́ло гру́стно?**

смешно́; ты, он, гру́стно
— Э́то смешно́.
— Э́то тебе́ бы́ло смешно́, а ему́ бы́ло гру́стно.

1.   ве́село; он, мы, ску́чно
2.   про́сто; вы, они́, сло́жно
3.   удо́бно; вы, я, неудо́бно

4.   оби́дно; он, она́, всё равно́
5.   поня́тно; вы, мы, непоня́тно

32. Fill in the correct form of the words **моя́ семья́.** Be sure to mark stress carefully.

1. Э́то . . .   2. Я здесь живу́ без . . .   3. Я о́чень люблю́ . . .   4. На кани́кулы я пое́ду к . . .   5. Ле́том я бу́ду отдыха́ть с . . .   6. Я мно́го расска́зываю о . . .

33. Say who is married to whom: Note the way the English "to be married" is rendered into Russian. For men the form **жена́т на** + prepositional case is used, and for women **за́мужем за** + instrumental case is used.

a.   Оле́г—Та́ня
Оле́г жена́т. Оле́г жена́т на Та́не. Он её муж.
Та́ня за́мужем за Оле́гом. Она́ его́ жена́.

Ви́ктор—Ната́ша; Джон—Ли́нда; Ива́н—Ле́на; Стив—Кристи́на

b.   Оле́г   Та́ня
Оле́г не жена́т.   Та́ня не за́мужем.

Све́та; Серге́й; Нил; Мари́я; Ше́ррел; Рома́н

9 ▶ **34.** Translate into Russian:

I would like (want) to introduce you to may family. This is a phototgraph of my family. This is my mother. Her name is Anna Nikolaevna. She is a journalist. She used to work abroad, in America, but now she works in Moscow in a large information agency. This is my father, Oleg Ivanovich. He is the director of a new firm. He works a lot. And this is my brother. He is still studying in school, and wants to become a lawyer. This is our sister, Lena. She is married. She and her husband, Ivan, live in St. Petersburg. She studies at Petersburg University in the economics department. Ivan has his own business; he is the director of a construction company.

35. Review the rules for reporting speech in Russian. *(Stage I: Unit XV: 3.0-3.3)*

1. For reported statements, preserve the tense of the original utterance.

   Она́ сказа́ла: «Я живу́ с роди́телями.»
   Она́ сказа́ла, что она́ живёт с роди́телями.

2. For reported questions:

   a. with an interrogative word, preserve the tense of the original utterance.
      Он спроси́л: «Где вы рабо́таете?»
      Он спроси́л, где я рабо́таю.

   b. of the yes/no type without an interrogative word, use **predicate + ли + subject** word order. Also, preserve the tense of the original utterance.
      Она́ спроси́ла меня́: «Вы говори́те по-англи́йски?»
      Она́ спроси́ла, говорю́ ли я по-англи́йски.
      (Note how such questions which include a choice are reported: **Он спроси́л: «Ты у́чишься и́ли рабо́таешь?»** Он спроси́л, учу́сь ли я и́ли рабо́таю.)

3. For reported commands, requests, wishes, use **что́бы** + past tense of the verb.

   Он попроси́л меня́: «Позвони́ Джо́ну ве́чером.»
   Он попроси́л меня́, что́бы я позвони́л Джо́ну ве́чером.

   Render the following into reported speech: (In questions without interrogative words, the word under question is given in boldface.)

   1. Он спроси́л: «Где ты живёшь?» 2. Она́ спроси́ла: «Отку́да он прие́хал?» 3. «Ты **рабо́таешь?**» —спроси́л меня́ Оле́г. 4. Та́ня спроси́ла: «Са́ша **придёт** ве́чером?» 5. «Ты **е́здил** вчера́ к роди́телям?» —спроси́л сосе́д. 6. Они́ спроси́ли меня́: «Вы **рабо́таете** в ба́нке?»

10 ▶ 36. Insert the missing parts of the dialogues:

1. — Ма́ма, познако́мься. Э́то моя́ подру́га Ли́за.
   — . . . .
   — Я то́же ра́да познако́миться.
   — . . . .
   — Нет, неда́вно. Я прие́хала в Москву́ неде́лю наза́д.

2. — Михаи́л Серге́евич, разреши́те предста́вить вам профе́ссора Спо́ка.
   — . . . .
   — Мне то́же о́чень прия́тно.
   — . . . .
   — Я рабо́таю в Пенсильва́нском университе́те. Я из Филаде́льфии.

3. — Здра́вствуйте! Вы то́же у́читесь здесь?
   — . . . .
   — Дава́йте познако́мимся. Све́та.
   — . . . .

37. Continue the dialogues (4–6 lines):

1. — Вы лети́те вме́сте с на́ми?
. . . .

2. — Познако́мтесь, пожа́луйста. Э́то мой друг . . .
. . . .

3. — Извини́те, вам нра́вится здесь?
. . . .

4. — Извини́те, вы не профе́ссор Ма́рков?
. . . .

5. — Разреши́те предста́виться. Я корреспонде́нт ра́дио. Меня́ зову́т Андре́й. Моя́ фами́лия Болко́нский.
. . . .

11 ▶ 38. a. Identify (circle) the root in each of the words derived from it.
b. Find the English equivalents.

—мест— place, locale		**—твёрд—** hard	
ме́сто	joint, cooperative	твёрдый	confirmation
ме́стный	to be located	твёрдо	firm, hard
помеще́ние	dwelling, premises	подтвержде́ние	to confirm, substantiate
помеща́ться–помести́ться	place (seat)	подтвержда́ть–	firmly, steadfastly
вме́сте	local	подтверди́ть	
совме́стный	together; ie., in the		
(совме́стное предприя́тие,	same place		
joint venture)			

—лёг— light, easy		**—яс/н—** clear, bright	
лёгкий	relief, alleviation	я́сный	explanation
легко́	lightness f.	я́сно	to explain
лёгкость	lungs	я́сность f.	clarity
лёгкие	light	поясня́ть–поясни́ть	clear, bright
облегче́ние	lightly, easily	объясне́ние	clearly
облегча́ть–облегчи́ть	alleviate, to lighten	объясня́ть–объясни́ть	to elucidate, clarify
	(a burden, etc.)		

39. a. Assign the words from the groups above to one of the following categories:

что?	како́й?	как?	что де́лать? что сде́лать?
ме́сто	ме́стный	вме́сте	помеща́ться–
помеще́ние	совме́стный		помести́ться

b. Translate the words in parentheses into Russian and insert them in the proper form.

1. —Э́то _____ (place) свобо́дно? — Да, свобо́дно, сади́тесь.
2. —Э́то два́дцать второ́е _____ (seat)? —Да, э́то два́дцать второ́е Б.
   —Э́то моё _____ (seat). —Сади́тесь, пожа́луйста.
3. Все го́сти _____ (sat down, fit) на одно́м дива́не.
4. Иностра́нец прошёл ми́мо скаме́йки, на кото́рой _____ (were sitting, were located) реда́ктор и поэ́т.

5. Мы рабо́таем _____ (together) в одно́м _____
   (joint venture).
6. Когда́ боли́т спина́, лу́чше спать на _____ (firm) крова́ти.
7. Мы при́няли _____ (firm) реше́ние.
8. —А-а! Вы — исто́рик? — с больши́м _____ (relief) спроси́л
   реда́ктор. —Да, я исто́рик, _____ (confirmed) учёный.
9. —Вам всё _____ (clear)?
   —Нет, вы мо́жете _____ (to explain) мне ещё раз?
10. —За что вы его́ благодари́те?— спроси́л поэ́т.
    —За о́чень ва́жную информа́цию, — _____ (clarified) незнако́мец.

40. Who does what:

a. **писа́тель (пи́шет)**
   чита́тель . . .; преподава́тель . . .; изда́тель . . .; иссле́дователь . . .
b. **(реда́ктор) редакти́рует**
   . . . продаёт; . . . программи́рует; . . . консульти́рует; . . . перево́дит

12 ▶ 41. Make up word combinations from the following nouns and adjectives. Then make up
sentences with each pair. (More than one adjective can be used for the same noun, so use
your imagination!)

поэ́т	иностра́нный
акце́нт	заграни́чный
реда́ктор	ру́сский
разгово́р	интере́сный
путеше́ственник	изве́стный
писа́тель	неизве́стный
прия́тель	госуда́рственный
шпио́н	еди́нственный
иммигра́нт	большо́й
па́спорт	отли́чный
иностра́нец	знамени́тый
сло́во	неме́цкий
бу́ква	францу́зский
профе́ссор	по́льский
специа́льность	знако́мый
библиоте́ка	

42. Translate into Russian:

My friend Christina was born in America, but her mother is from Spain and her father is from
France. Her mother came to America when she was five years old and she speaks English
fluently. Her father also speaks without an accent. But they have not forgotten their native
languages. At Christina's house they speak French, Spanish and English. Christina knows
English, Spanish and French. Not long ago she started to study Russian. But she still speaks
Russian poorly. She has already been abroad — in France and in Spain. Her uncle lives in
Spain. He is a lawyer. Her grandmother lives in Spain. She doesn't work any more
(бо́льше). She has her own house. Christina has not been to Russia yet, but will be studying
in Russia this fall.

13 ▶ 43. Using the material in Unit I, write a brief composition (approximately one page) about
yourself and your family.

Рабочая тетрадь 2

0 ▶ 1. Provide complete conjugations for the following verb stems: *(Appendix XI)*

встреча́й–ся
догова́ривай–ся
находи́–ся

встре́ти–ся
договори́–ся

infinitive		past tense
non-past		он
я	мы	она́
ты	вы	оно́
он, она́, оно́	они́	они́

imperative

> Цирк нахо́дится недалеко́ от университе́та.

2. **a.** Identify (circle) the root in each of the words derived from it.
   b. Find the English equivalents.

—близ— near, close, proxi—	
бли́зко (от чего́, к чему́)	*intrans.* to approach, to draw near
бли́зкий	near-sighted
Бли́жний Восто́к	twin(s)
ближа́йший	Middle East
близне́ц, близнецы́	near, close, imminent, dear (friend, colleague, etc.)
близору́кий	*adv.* nearby
приближа́ться, прибли́зиться	nearest

—ряд— order	
ряд	next to
ря́дом (с чем)	order
рядово́й	detachment, regiment (military)
поря́док	row
отря́д	ordinary, common, private soldier (military)

—дал— far	
далеко́ (от чего)	Far East
недалеко́ (от чего)	*adv.* farther, further
далёкий	*adj.* far, remote
да́ль	far-sighted
да́льний	far
Да́льний Восто́к	nearby, not far
дальнозо́ркий	distant, remote
да́лее (и так да́лее = an so forth, etc.)	*f.* distance
да́льше	*intrans.* to move off, to withdraw
удали́ться– удали́ться	

—прот—ив—	against, opposite, oppose, anti-, contra-
про́тив (чего)	opposite, facing
проти́вник	contradiction
проти́вный	against
противоре́чие	resistance, opposition
напро́тив (чего)	opponent, enemy
сопротивле́ние	1. opposite, contrary, 2. repulsive, unpleasant

c. Translate the words in parentheses from the words above and insert them in the proper form:

1. Его́ дом нахо́дится _____ (near) к мо́рю. До _____
(nearest) ста́нции два киломе́тра.   2. У них в до́ме всегда́ _____
(order).   3. Джон — мой_____ (close, dear) друг. 4. _____
(Next to) с на́шим до́мом, большо́й кни́жный магази́н.   5. Его́ жена́ лива́нка. Её
роди́тели живу́т на _____ (Middle East). 6. _____
(Opposite) юриди́ческой консульта́ции, в кото́рой я рабо́таю, нахо́дится большо́й
парк.   7. У мои́х знако́мых родили́сь _____ (twins).   8. Большо́й
междунаро́дный банк нахо́дится совсе́м _____ (not far) отсю́да.
9. Ле́том мы путеше́ствовали по _____ (Far East). 10. Жизнь
состои́т из _____ (contradictions).

3. a. Insert the correct form of the word **зри́тель** (*m.*).
Ми́мо меня́ пробега́ют зри́тели. Но вот о́коло ци́рка уже́ нет . . . Я смотрю́ на
. . . ., кото́рые спеша́т войти́ в зри́тельный зал. Мне хо́чется войти́ в
зри́тельный зал вме́сте со . . . . Но я жду Са́шу и ду́маю о . . . .,
кото́рые уже́ сидя́т в зри́тельном за́ле и смо́трят спекта́кль.

b. Insert the correct form of the word **прохо́жий.** (The word **прохо́жий** is an adjective that
functions as a noun. Others include рабо́чий, учёный. *Review the "Spelling Rule",
Appendix II.*)

В конце́ у́лицы появи́лся . . . . До э́того, ни одного́ . . . . не́ было.
Я подошла́ к . . . . Я посмотре́ла на . . . . Я не
разгова́ривала с . . . ., но тепе́рь я ду́маю о. . . . .

c. Insert the word **ры́нок** in the proper case (note, the "o" is fleeting!):
Недалеко́ от на́шего до́ма нахо́дится небольшо́й . . . . . Я ча́сто хожу́ на э́тот
. . . . . Там на . . . . . я покупа́ю фру́кты. Я дово́льна э́тим . . . . . Тру́дно жить
без . . . . . К . . . . .ча́сто подъезжа́ют маши́ны.

> — Куда́ ты **идёшь?**
> — Я **иду́** в магази́н за хле́бом. Я всегда́ **хожу́** за хле́бом
> в магази́н ря́дом с до́мом.

1 ▶

4. a. Identify (circle) the root in each of the words derived from it.
b. Find the English equivalents.

—ход— go (on foot)	
ходи́ть	day off, weekend
выходи́ть–вы́йти	exit
выходи́ть–вы́йти за́муж	to enter
вы́ход	entrance
выходно́й день	crosswalk
входи́ть–войти́	to get married (said of a woman)
вход	to exit
перехо́д	steamship
пешехо́д	passerby
прохо́жий	to go, walk
парохо́д	pedestrian

c. Translate:

1. Где здесь _____ (exit) из метро?
2. Они́ договори́лись встре́титься у _____ (entrance) в цирк.
3. Моя́ сестра́ неда́вно _____. (got married).
4. Она́ спроси́ла у _____ (passerby), как дое́хать до це́нтра.

5. Find the verbs of motion in Linda's diary entry for September 20 and assign them to the following categories. Review the conjugations and usage of these verbs. *(Appendix XIII. See also Stage I: XI, 2.0-2.5.)*

при–	to arrive	у–	to depart
в–	to enter	вы–	to exit
под–	to approach	от(ъ)–	to move away from
за–	to drop by on the way somewhere else*	пере–	to cross over
об(o)–	to go around	про–	to go through, to go past

Unprefixed Verbs of Motion		Prefixed Verbs of Motion	
Multidirectional	Unidirectional	Imperfective	Perfective
ходи́ть	идти́	приходи́ть	прийти́

_____

*There is another meaning of the prefix **за–** to go behind, but it is not included in this chapter.

6. a. Read the sentences, paying attention to the words in boldface. What determines the use of unidirectional verbs of motion in each case? *(Stage I: XI, 2.1)*

1. —**Отку́да** ты **идёшь?** —Я **иду́** из компью́терного це́нтра. —А **куда́** ты сейча́с **идёшь?** —Сейча́с **иду́** в библиоте́ку.
2. —Вы не зна́ете, **куда́ е́дет** э́тот авто́бус? —Зна́ю, он **е́дет** в Нью Йо́рк.
3. —**Отку́да летя́т** э́ти пти́цы? —Они́ **летя́т** с ю́га.
4. Э́тот тролле́йбус **идёт** до це́нтра го́рода? —Нет, не **идёт.** До це́нтра отсю́да **идёт** три́дцать тре́тий авто́бус.
5. —Мне на́до попа́сть к Большо́му теа́тру. Я пра́вильно **иду́?** —Нет, вам **на́до идти́ нале́во,** вот по то́й у́лице.
6. —Скажи́те, пожа́луйста, э́та доро́га **идёт** в лес? —Да, э́та доро́га **идёт** в лес.
7. Э́то кака́я у́лица, Тверска́я? —Нет, вы **идёте** по Пу́шкинской у́лице. Тверска́я там.
8. —Я пра́вильно **е́ду** на Моско́вский вокза́л? —Нет, вам на́до **е́хать** в обра́тную сто́рону.
9. —**Куда́** ты сейча́с **бежи́шь?** —Я **бегу́** на заня́тия, опа́здываю.
10. —**Отку́да бегу́т** э́ти спортсме́ны? —Оди́н **бежи́т** со стадио́на, а други́е **бегу́т** из спорти́вного за́ла.

b. Compose five pairs of questions and answers like the ones above using the questions **Куда́?** and **Отку́да?** and unidirectional verbs of motion in the present tense.

7. a. Read the following sentences, paying attention to the words in boldface. What factors determine the choice of unidirectional vs. multidirectional verbs.

1. **Сейча́с** я **иду́** в компью́терный центр. Я **хожу́** туда́ **два ра́за в неде́лю**.
2. **Сейча́с** они́ **иду́т** в университе́т. Они́ **хо́дят** в университе́т **ка́ждый день,** кро́ме воскресе́нья.
3. **Сего́дня** она́ **идёт** на рабо́ту пешко́м. Она́ **обы́чно хо́дит** на рабо́ту пешко́м.
4. **Сего́дня** мы **е́дем** на экску́рсию. Мы **ча́сто е́здим** на экску́рсии.
5. **За́втра** Ли́нда **е́дет** к роди́телям. Ли́нда **е́здит** к роди́телм **по суббо́там**.
6. **Сейча́с** Ма́ша **идёт** в лес за гриба́ми и я́годами. Она́ **всегда́ хо́дит** с подру́жками в лес.
7. **Э́тим ле́том** они́ **е́дут** на мо́ре. **Ка́ждое ле́то** они́ **е́здят** на мо́ре.
8. **Сего́дня у́тром** он **бежи́т** в парк де́лать заря́дку. **Ка́ждое у́тро** он **бе́гает** в парк де́лать заря́дку.

b. Compose five pairs of sentences like those above which demonstrate the difference between unidirectional and multidirectional verbs of motion in the present tense. (Note: When referring to public transportation, Russians more often use **ходи́ть-идти́** rather than **е́здить-е́хать** when describing transportation which works on a schedule or which follows a set route, i.e., **тролле́йбус, авто́бус, трамва́й, по́езд**. The verbs **е́здить–е́хать** are obligatory when referring to **маши́на, велосипе́д, такси́**.)

2 ▶ 8. Translate into Russian:

a. I work in the international bank. The bank is located not far from my house. This is a very pretty old region. The old post-office is located next to the new big bank. Opposite the bank is a small restaurant. I usually eat lunch there.

b. Steve lives in a small apartment in a new big building. The building is located far from the center of the city, but there is a metro station near the building. There is a small park between the metro station and the building. To the right of the building is a large store. Steve really likes this region.

9. Rephrase according to the model replacing the verb **быва́ть** with a verb of motion.

Он ча́сто быва́ет на да́че у свои́х друзе́й.
Он ча́сто е́здит на да́чу к свои́м друзья́м.

1. Джон ча́сто быва́ет на консульта́ции у преподава́теля.
2. Ма́ша ча́сто быва́ет у нас на да́че.
3. Ма́ма ча́сто быва́ет с до́черью в поликли́нике у зубно́го врача́.
4. Мы ча́сто быва́ем на стадио́не у тре́нера.
5. Дми́трий ча́сто быва́ет в Ми́нске у сестры́.
6. Я ча́сто быва́ю за́ городом у роди́телей.

10. Rephrase according to the model replacing the verbs **направля́ться, спеша́ть,** and **возвраща́ться** with a verb of motion.

Та́нкер направля́ется в А́нглию.
Та́нкер плывёт в А́нглию.

1. Э́тот авто́бус направля́ется в Филаде́льфию.
2. Наш теплохо́д направля́ется в Москву́.
3. Зри́тели спеша́т к вхо́ду в цирк.
4. Строи́тели возвраща́ются домо́й на авто́бусе.
5. Э́тот самолёт возвраща́ется из Копенга́гена.
6. Э́тот по́езд направля́ется в Та́ллин.

11. Insert the correct form of the verb of motion:

(ходи́ть-идти́)
1. — Куда́ ты сейча́с . . . . ?
— Я . . . . в библиоте́ку.
— Ты . . . . в библиоте́ку ка́ждый день?
— Да, потому́ что сейча́с се́ссия (exam period).

(бе́гать-бежа́ть)
2. — Приве́т! —Здра́вствуй, извини́, я . . . ., потому́ что опа́здываю.
— Ку́да ты . . . . ?
— Я . . . . на заня́тия.

(В авто́бусе) (е́здить-е́хать)
3. — Отку́да ты . . . . ? Я . . . . от роди́телей.
— Твои́ роди́тели живу́т недалеко́ отсю́да?
— Да.
— И ты ча́сто . . . . к ним?
— Да, я . . . . . . к ним ка́ждую неде́лю.

3 ▶ 12. Analyze the sentences, paying particular attention to the aspect of the verbs. Keep in mind that unidirectional verbs of motion in the past tense are used when the speaker wants to describe the setting or circumstances under which the main action took place. It is important to note that the verb of motion in these cases is never the main action, but serves merely to provide background context. The main action can be expressed in such cases by either a perfective or imperfective verb as required by context. *(Stage I: VI: 1.5; XI: 2.1)*

1. Пока́ мы лете́ли, мы знако́мились друг с дру́гом.
2. Мы е́хали в метро́ и говори́ли о но́вом фи́льме.
3. Когда́ я е́хала в метро́, я встре́тила своего́ ста́рого дру́га.
4. Мы шли по у́лице и е́ли моро́женое.
5. Пока́ она́ е́хала на рабо́ту, она́ прочита́ла газе́ту.
6. Он е́хал в по́езде из Петербу́рга в Москву́ и познако́мился с одни́м москвичо́м.
7. Когда́ мы бежа́ли на заня́тия, мы вдруг вспо́мнили о контро́льной.

13. Rephrase according to the model:

Я е́хала в маши́не и разгова́ривала с Са́шей.
Когда́ (Пока́) я е́хала в маши́не, я разгова́ривала с Са́шей.

1. Я шла в университе́т, и ко мне подошёл симпати́чный молодо́й челове́к.
2. Он шёл по у́лице и стара́лся вспо́мнить, как зову́т но́вого преподава́теля.
3. Она́ лете́ла в самолёте и всю доро́гу спала́.
4. Она́ лете́ла в Москву́ и познако́милась с симпати́чной де́вушкой москви́чкой.
5. Я бежа́ла на заня́тия и встре́тила свои́х друзе́й.
6. Он е́хал в по́езде из Петербу́рга в Москву́ и познако́мился с одни́м москвичо́м.
7. Я лете́ла в Москву́ и о́чень волнова́лась.

14. Supply continuations:

1. Он е́хал на рабо́ту и . . .   2. Она́ шла в университе́т и . . .   3. Са́ша бежа́л на трениро́вку и . . .   4. Ли́нда е́хала в метро́ и . . .   5. Мы шли из кино́ и . . .
6. Я лете́ла в Чика́го и . . .

15. Analyze the use of unidirectional verbs of motion in the following sentences. Recall that unidirectional verbs of motion are used in the past tense when the speaker wishes to focus on various circumstances surrounding the action.

1. Вчера́ я лете́ла в Москву́ **одна́**. 2. Все лете́ли **девятна́дцатого а́вгуста**.
3. Сего́дня я опа́здывала и е́хала на рабо́ту **на такси́**. 4. Не́ было биле́тов на самолёт, и мы е́хали **по́ездом**. 5. Я шёл сего́дня на стадио́н **с друзья́ми**. 6. Мы е́хали до це́нтра го́рода **полчаса́**. 7. Сего́дня мы е́хали в дере́вню **друго́й доро́гой**.

16. Continue as in the model:

Мы е́хали в центр го́рода . . . (авто́бус).
Мы е́хали в центр го́рода на авто́бусе.

1. Магази́н недалеко́ от на́шего до́ма. Но у нас сего́дня совсе́м не́ было вре́мени, и мы е́хали в магази́н . . . (маши́на)
2. Мы возвраща́лись домо́й о́чень по́здно. Метро́ уже́ бы́ло закры́то. Мы е́хали в общежи́тие . . . (такси́)
3. На доро́ге бы́ло о́чень мно́го маши́н. Он е́хал на рабо́ту. . . (2 часа́)
4. До нача́ла соревнова́ний остава́лось два дня. Мы о́чень спеши́ли и лете́ли в Бо́стон . . . (самолёт)

17. Answer the questions.

1. Сего́дня у́тром, вы е́хали на маши́не и́ли шли пешко́м в университе́т?
2. Кого́ вы встре́тили сего́дня у́тром, когда́ шли (е́хали) в университе́т?
3. Вы до́лго вчера́ е́хали домо́й? Почему́ вы так до́лго е́хали?
4. С кем вы познако́мились, когда́ е́хали отдыха́ть ле́том?
5. О чём вы говори́ли со свои́м дру́гом, когда́ вы е́хали в маши́не со стадио́на?

4 ▶

> Лѝнда и Сѐша дѐлго хѐдят по ýлицам и переýлкам стѐрого Арбѐта.
> Борѝс лю́бит ходѝть пешкѐм.
> Моя́ бѐбушка боѝтся летѐть на самолёте.
> Ребёнку тѐлько год, но он ужѐ хѐдит.

18. Read the sentences, paying attention to the words in boldface. What determines the use of multidirectional verbs of motion in each case?

1. Вчерѐ мы ѐздили с нѐшими друзья́ми по вечѐрней Москвѐ.
2. Дѐти бѐгают во дворѐ и игрѐют с мячѐм.
3. Весь день я хожý по стѐрой Прѐге.
4. Онѝ ходѝли по Национѐльной галерѐе пять часѐв.
5. Онѐ в волнѐнии ходѝла по кѐмнате.
6. Он ѐчень любѝл ходѝть пешкѐм по Нью Йѐрским ýлицам.
7. Брѐнда лю́бит ходѝть по магазѝнам.
8. Я не люблю́ ѐздить автѐбусом ѝли пѐездом, я люблю́ летѐть самолётом.
9. Онѐ боѝтся летѐть самолётом, и всегдѐ ѐздит пѐездом.
10. Я не знѐю, что случѝлось с моѐй машѝной, и я бою́сь на ней ѐздить.
11. Ребёнку 10 мѐсяцев, но он ужѐ умѐет ходѝть.
12. Онѐ так тяжелѐ больнѐ, что не мѐжет ходѝть.

19. Fill in the appropriate verb of motion in the present tense in the correct form.

1. Я знѐю, что сейчѐс он (ѐздить–ѐхать) в центр гѐрода.
2. Он дѐлго ужѐ (ѐздить–ѐхать) по цѐнтру, ѝщет, как вы́ехать на кольцевý́ю дорѐгу.
3. Сейчѐс онѝ (ходѝть–идтѝ) в Национѐльный музѐй.
4. Онѝ (ходѝть–идтѝ) по Национѐльному музѐю цѐлый день.
5. Онѝ сейчѐс (бѐгать–бежѐть) на тренирѐвку на стадиѐн.
6. Онѝ (бѐгать–бежѐть) по стадиѐну ужѐ цѐлый час.
7. Я всё врѐмя (ѐздить–ѐхать) на машѝне. Сейчѐс я опя́ть (ѐздить–ѐхать) домѐй на машѝне.

20. Fill in the appropriate verb of motion in the correct form.

1. Онѐ не лю́бит (летѐть–летѐть) на самолёте, и всегдѐ (ѐздить–ѐхать) пѐездом. Но на ѐтот раз онѐ (летѐть–летѐть) на самолёте.
2. Он ѐчень хорошѐ (плѐвать–плыть). Смотрѝте, вот он (плѐвать–плыть) сюдѐ по вторѐй дорѐжке (in the second lane).
3. Обы́чно я ѐчень бы́стро (ѐздить–ѐхать) на машѝне. Но сегѐдня дождь, и я (ѐздить–ѐхать) мѐдленно.
4. Я бою́сь (ѐздить–ѐхать) с ним на машѝне, он недѐвно получѝл водѝтельские правѐ. Но сегѐдня я опѐздываю, и я (ѐздить–ѐхать) с ним.

21. Answer the questions.

1. Вы лю́бите е́здить на маши́не? Вы давно́ получи́ли води́тельские права́ (driver's license)?

2. Вы не бои́тесь лета́ть на самолёте? Вы предпочита́ете е́здить по́ездом и́ли лета́ть самолётом?

3. Вы лю́бите бе́гать? Вы ча́сто бе́гаете? Вы бе́гаете оди́н и́ли с друзья́ми? Где вы обы́чно бе́гаете?

4. Вы лю́бите пла́вать? Вы хорошо́ пла́ваете? Когда́ вы научи́лись пла́вать?

> Вчера́ Ли́нда и Са́ша **ходи́ли** в цирк. Они́ **бы́ли** в ци́рке.
> Вчера́ Ли́нда и Са́ша **е́здили** к Бори́су. Они́ **бы́ли** у Бори́са.

22. Read the following sentences, paying attention to the boldface words. What meaning do the multidirectional verbs of motion in the past tense convey?

1. В январе́ я **лета́ла** в Филаде́льфию. В январе́ я **была́** в Филаде́льфии.

2. Вчера́ они́ **ходи́ли** в консервато́рию на конце́рт. Вчера́ они́ **бы́ли** в консервато́рии на конце́рте.

3. Ле́том он **е́здил** на Аля́ску. Ле́том он **был** на Аля́ске.

4. Ли́нда и Са́ша **ходи́ли** в ста́рый цирк на хоро́ший спекта́кль. Ли́нда и Са́ша **бы́ли** в ста́ром ци́рке на хоро́шем спекта́кле.

5. У́тром я **бе́гала** на стадио́н на трениро́вку. У́тром я **была́** на стадио́не на трениро́вке.

6. Вчера́ мы **ходи́ли** в посо́льство на приём. Вчера́ мы **бы́ли** в посо́льстве на приёме.

7. Вчера́ ве́чером они́ **ходи́ли** в го́сти к молодо́му поэ́ту. Вчера́ ве́чером они́ **бы́ли** в гостя́х у молодо́го поэ́та.

23. Answer the questions using the verbs **ходи́ть, е́здить, лета́ть, пла́вать, бе́гать** according to the model.

Где бы́ли Ли́нда и Са́ша? (цирк)
Ли́нда и Са́ша ходи́ли в цирк.

1. Где бы́ли студе́нты в воскресе́нье? (экску́рсия, Третьяко́вская галере́я)

2. Где они́ бы́ли на про́шлой неде́ле? (Ло́ндон)

3. Где Ли́нда была́ в суббо́ту? (роди́тели)

4. Где он был сего́дня у́тром? (стадио́н)

5. Где бы́ли ва́ши роди́тели зимо́й? (По́льша, Варша́ва)

6. Где она́ была́ в пя́тницу? (Большо́й теа́тр)

7. Где был ваш друг ле́том? (Крым, мо́ре)

24. Read and analyze the following sentences. What determines the choice of the verb of motion?

1. Вчера́ я **ходи́л** в кино́. Когда́ я **шёл** в кино́, я ду́мал о вас.
2. В воскресе́нье мы **ходи́ли** в Музе́й Пу́шкина. Когда́ мы **шли** в музе́й, мы говори́ли о Евге́нии Оне́гине.
3. На про́шлой неде́ле она́ **е́здила** в Петербу́рг. Когда́ она́ **е́хала** в Петербу́рг, она́ познако́милась с интере́сным молоды́м челове́ком.
4. Во вто́рник Ли́нда и Са́ша **ходи́ли** в теа́тр. Когда́ они́ **шли** из теа́тра домо́й, они́ говори́ли о спекта́кле.
5. В про́шлом ме́сяце он **лета́л** в Бо́стон. Когда́ он **лете́л** в Бо́стон, он спал всю доро́гу.
6. Вчера́ Ми́ша **бе́гал** в э́тот парк. Когда́ он **бежа́л** в парк, он встре́тил Ко́лю.

25. Insert the correct form of a verb of motion: **е́здить–е́хать, ходи́ть–идти́, лета́ть–лете́ть, бе́гать–бежа́ть** in the past tense.

1. Вчера́ мы . . . . в парк. Когда́ мы . . . . в парк, мы говори́ли о на́шем знако́мом.
2. Когда́ студе́нты . . . . . . в столо́вую, они́ разгова́ривали.
3. Вчера́, когда́ я . . . . . домо́й на маши́не, бы́ло уже́ совсе́м темно́.
4. —Где они́ бы́ли в сре́ду? —Они́ . . . . за́ город.
5. Когда́ я . . . . вчера́ к роди́телям на маши́не, у меня́ вдруг ко́нчился бензи́н (gasoline).
6. На про́шлой неде́ле, она́ . . . . в Изма́йлово.
7. Когда́ Ли́нда . . . . .лась в Москву́, она́ о́чень волнова́лась.
8. У́тром я . . . . в апте́ку. Когда́ я . . . . . в апте́ку, я вспо́мнил, что забы́л реце́пт (prescription) до́ма.

5 ▶

> Вот **идёт** пожила́я же́нщина, **ведёт** за́ руку ма́льчика.
> Мно́гие **иду́т** к гардеро́бу и **несу́т** в рука́х пальто́.
> Маши́ны **е́дут** к ци́рку, они́ **везу́т** зри́телей.

26. a. Identify (circle) the root in each of the words derived from it.
    b. Find the English equivalents.

—нос—, —нёс— carry	
носи́ть–нести́	to relate to
носи́льщик	international relations
относи́ться–отнести́сь	to carry off
отноше́ние	tray
междунаро́дные	relationship
отноше́ния	
подно́с	porter
уноси́ть–унести́	to carry
«Унесённые ве́тром»	
"Gone with the Wind"	

—воз—, —вёз— convey	
вози́ть–везти́	
парово́з	n. export
вывози́ть–вы́везти	to transport, move
вы́воз	n. import
ввози́ть–ввезти́	to export
ввоз	steam engine
перевози́ть–	to import
перевезти́	

—вод—, —вёд— lead

води́ть–вести́	to behave
води́ть–вести́ маши́ну	to translate
води́тель	translation
води́телские права́	driver's license
води́ть–вести́ себя́	to lead, conduct
поведе́ние	introduction
введе́ние	guide
переводи́ть–перевести́	to drive
перево́д	behavior
перево́дчик	driver
экскурсово́д	translator

c. Translate the words in parentheses and insert them in the correct form.

1. Он неда́вно получи́л _____ (driver's license), и ещё пло́хо _____ (drives) маши́ну.
2. К нам идёт официа́нт и несёт на _____ (tray) моро́женое и ко́фе.
3. Из Росси́и нельзя́ _____ (to export) зо́лото и ико́ны.
4. Они́ у́чатся в институ́те _____ (International Affairs).
5. Мари́я _____ (translator), и сейча́с она́ рабо́тает _____ (as a guide) и во́дит тури́стов по Кремлю́.
6. Мой люби́мый америка́нский фильм — _____ ("Gone with the Wind").

27. Read and analyze the following sentences. What is the relationship between the verbs in bold-print in each sentence?

1. Когда́ Ли́нда **хо́дит** по незнако́мому го́роду, она́ всегда́ **но́сит** с собо́й план го́рода.
2. Авто́буы-экспре́ссы **е́здят** в аэропо́рт и **во́зят** пассажи́ров.
3. Из Са́удовской Ара́вии **плывёт** та́нкер, он **везёт** нефть (oil).
4. Во вре́мя кани́кул мой друг рабо́тал экскурсово́дом. Он ка́ждый день мно́го **ходи́л** по Вашингто́ну и **води́л** гру́ппы тури́стов.
5. По алле́е па́рка **идёт** молода́я же́нщина, она́ **везёт** в коля́ске (baby-stroller) ребёнка.
6. Ли́нда **е́дет** из Петербу́рга и **везёт** пода́рки всем друзья́м.
7. Самолёт **лети́т** на Гава́йские острова́, он **везёт** тури́стов.
8. Де́вочки **иду́т** из ле́са, они́ **несу́т** грибы́ (mushrooms) и я́годы (berries).
9. Ма́льчик **бежи́т** в шко́лу и **несёт** портфе́ль.
10. Медве́дь **идёт** в дере́вню и **несёт** корзи́ну (basket).

28. Rephrase the sentence according to the model using a transitive verb of motion: носи́ть–нести́, вози́ть–везти́, води́ть–вести́.

Он идёт на день рожде́ния, у него́ в рука́х пода́рок.
Он идёт на день рожде́ния и несёт пода́рок.

1. Самолёт лети́т на се́вер, в самолёте по́чта.
2. Маши́на е́дет к на́шему до́му, в маши́не но́вая ме́бель (furniture).
3. Все студе́нты на́шей гру́ппы хо́дят на заня́тия со словаря́ми.
4. Вот идёт пожила́я же́нщина, за́ руку де́ржит (holding) ма́льчика.
5. По музе́ю хо́дит экскурсово́д с гру́ппой тури́стов.
6. Из Са́удовской Ара́вии плывёт та́нкер с не́фтью.
7. Ребёнок пла́чет (crying), ма́ма хо́дит по ко́мнате с ним на рука́х.
8. Де́вочки иду́т из ле́са с гриба́ми и я́годами.

29. Use the requried transitive verb of motion носи́ть–нести́, води́ть–вести́, вози́ть–везти́ in the proper form.

1. Сего́дня у́тром я встре́тил дру́га. Он шёл из библиоте́ки и . . . . . . кни́ги.
2. Мой друг рабо́тает шофёром такси́. Он . . . . . . пассажи́ров по всему́ го́роду.
3. Ка́ждый день я . . . . . . на заня́тия ма́ленький ру́сско-англи́йский слова́рь.
4. Ма́ма давно́ уже́ разреша́ет сы́ну бе́гать самостоя́тельно, но ба́бушка всегда́ . . . . . . ма́льчика за́ руку.
5. Ма́льчику о́чень нра́вится, когда́ па́па . . . . его́ на рука́х.
6. Мой брат заболе́л, и ма́ма . . . . к врачу́.
7. Официа́нт . . . . нам ко́фе и моро́женое.

6 ▶ Прохо́жий отве́тил и **пошёл**, а точне́е **побежа́л** да́льше, наве́рное о́чень спеши́л. Са́ша предложи́л мне **пойти́** с ним в цирк. Сего́дня ве́чером мы **пойдём** в цирк.

30. Provide complete conjugations for the following verb stems:

предлага́й–	приглаша́й–
предложи́–	пригласи́–

infinitive		past tense
non-past		он
я	мы	она́
ты	вы	оно́
он, она́, оно́	они́	они́

imperative

31. Read and analyze the following sentences. *(Stage I: XII 2.3)* What does the prefix **по-** indicate in each case 1) the beginning of action or 2) a change in direction or speed?

1. Они́ се́ли в маши́ну и **пое́хали** в университе́т.
2. Ли́нда шла ме́дленно, но пото́м посмотре́ла на часы́ и **пошла́** быстре́е.
3. Она́ шла пря́мо и пото́м **пошла́** нале́во.
4. Он ко́нчил писа́ть пи́сьма и **пошёл** на по́чту.
5. У него́ заболе́ла голова́, и он **пошёл** к врачу́.
6. Маши́на е́хала пря́мо по доро́ге, а пото́м **пое́хала** напра́во.
7. Мы шли ме́дленно, но на́чался дождь, и мы **побежа́ли** к до́му.

32. Supply beginnings for the following sentences as in the model:

. . . . пошёл ему́ навстре́чу. (meet, towards)

Я уви́дел дру́га и пошёл ему́ навстре́чу.

1. пошли́ быстре́е.
2. пое́хали в аэропо́рт.
3. пошла́ нале́во.
4. пое́хал ме́дленнее.
5. пошли́ в кни́жный магази́н.
6. побежа́ли быстре́е.
7. побежа́л домо́й.

33. Read and analyze the following sentences. How is the prefix **по-** used?

1. Бе́тси хо́чет **пое́хать** в Москву́.
2. Она́ **полети́т** в Москву́ на сле́дующей неде́ле.
3. Они́ **пое́дут** на се́вер в нача́ле а́вгуста.
4. За́втра я **пойду́** в библиоте́ку на весь день.
5. —Вы не хоти́те **пойти́** со мной в Теа́тр на Тага́нке? —С удово́льсвтвием **пойду́!**
6. —В пя́тницу мы **пое́дем** за́ город. Дава́йте **пое́дем** вме́сте. —К сожале́нию, в пя́тницу я не могу́ **пое́хать.** В пя́тницу я **пойду́** в цирк, у меня́ уже́ есть биле́т.
7. —Куда́ вы **пойдёте** ве́чером? —Я хочу́ **пойти́** в го́сти к Ири́не. А вы куда́ **пойдёте?** —Хоти́м **пойти́** в кино́.

34. Insert the verb **пойти́** or **пое́хать** in the appropriate form.

Сего́дня у меня́ свобо́дный ве́чер. Я хочу́ . . . . в центр го́рода. Снача́ла я . . . . к дру́гу. Пото́м мы вме́сте . . . . в кино́. По́сле кино́ мы . . . . . в рестора́н. Из рестора́на мы, мо́жет быть, ... ко мне домо́й.

35. a. Rephrase according to the model.
    b. Say what you are going to do tomorrow.

Са́ша приглаша́ет меня́ в цирк. . .
Са́ша предлага́ет мне пойти́ в цирк.
За́втра мы пойдём в цирк.

1. Ната́ша приглаша́ет меня́ в джа́з-клуб.
2. Они́ приглаша́ют нас на вы́ставку.
3. Бори́с приглаша́ет Ше́релл в кино́.
4. Мы приглаша́ем друзе́й на да́чу.
5. Я приглаша́ю подру́гу в рестора́н.
6. Андре́й приглаша́ет нас на день рожде́ния.

> **На ме́сто встре́чи я пришла́ во́время.**
> **На спекта́кль мы опозда́ли и ушли́.**

7 ▶

36. Provide complete conjugations for the following verb stems:

опа́здывай–, опозда́й–   приезжа́й–, прие́хать *irreg.*
                                           приходи́–, прийти́ *irreg.*

infinitive		past tense
non-past		он
я	мы	она́
ты	вы	оно́
он, она́, оно́	они́	они́

imperative

37. a. Combine the two sentences into one using a verb of motion with the prefix **при–** as in the model: *(See Prefixed Verbs of Motion—Stage I: XII 2.0.)*

Он был в Теха́се. Сейча́с он в Вашингто́не.
Он прие́хал в Вашингто́н из Теха́са.

Сейча́с он в Теха́се. В понеде́льник он бу́дет в Вашингто́не.
В понеде́льник он прие́дет в Вашигто́н из Теха́са.

1. А́нна была́ в библиоте́ке. Сейча́с она́ на уро́ке.
2. Моя́ сестра́ живёт в Пари́же. В бу́дущем году́ она́ бу́дет жить в Ло́ндоне.
3. Сейча́с он на рабо́те. В пять часо́в он бу́дет до́ма.
4. Мои́ роди́тели в Ита́лии. В декабре́ они́ бу́дут до́ма.
5. Они́ бы́ли в компью́терном це́нтре. Сейча́с они́ в общежи́тии.

b. Rephrase using a verb of motion with the prefix y–.

Она́ была́ в университе́те. Сейча́с её нет в университе́те.
Она́ ушла́ из университе́та.

Она́ в университе́те. В пять часо́в её не бу́дет в университе́те.
Она́ уйдёт из университе́та.

1. Студе́нты сиде́ли в аудито́рии. Сейча́с их нет в аудито́рии.
2. Ра́ньше Ви́ктор жил в Москве́. Сейча́с он живёт в друго́м го́роде.
3. Зри́тели бы́ли в зри́тельном за́ле. Сейча́с их нет в зри́тельном за́ле.
4. Сейча́с он в лаборато́рии. В двена́дцать часо́в его́ не бу́дет в лаборато́рии.
5. Моя́ подру́га в посо́льстве. В два часа́ её не бу́дет в посо́льстве.

38. Insert the correct form of the verb: **приходи́ть–прийти́, уходи́ть–уйти́, приезжа́ть–приє́хать, уезжа́ть–уе́хать.**

1. Вчера́ мои́ роди́тели . . . . в Вашингто́н. За́втра они́ . . . .
   из Вашингто́на в Нью Йо́рк.
2. Вчера́ ве́чером к нам . . . . го́сти. Они́ . . . . от нас в
   де́сять часо́в.
3. Ка́ждый день он . . . . в посо́льство в во́семь часо́в,
   и . . . . из посо́льства в три часа́.
4. Ка́ждый ве́чер маши́ны . . . . на стоя́нку и ка́ждое у́тро
   . . . . со стоя́нки.
5. Сего́дня мы . . . . на рабо́ту о́чень ра́но, и . . . . с
   рабо́ты о́чень по́здно.

39. Answer the questions using the information in brackets and the construction за . . . до . . . :
Remember за + accus. and до + genitive. Remember: in коне́ц "е" is fleeting; the accusative
of получаса́ remains получаса́.

Когда́ вы пришли́ в теа́тр? (15 — мину́та, нача́ло спекта́кля)
Я пришла́ за 15 мину́т до нача́ла спекта́кля.

1. Когда́ вы пришли́ в кинотеа́тр? (получаса́, нача́ло фи́льма)
2. Когда́ вы прие́хали в университе́т? (2 — день, нача́ло семе́стра)
3. Когда́ вы уе́хали из университе́та? (5 — день, коне́ц семе́стра)
4. Когда́ вы пришли́ сего́дня на заня́тия? (2 — мину́та, нача́ло уро́ка)
5. Когда вы пришли́ в консервато́рию? (8 — мину́та, нача́ло конце́рта)
6. Когда́ вы ушли́ из консервато́рии? (12 — мину́та, коне́ц конце́рта)
7. Когда́ вы пришли́ в теа́тр? (1 — мину́та, нача́ло бале́та)
8. Когда́ вы ушли́ из теа́тра? (получаса́, коне́ц бале́та)

Я вошла́ в ко́мнату.
Я вы́шла из ко́мнаты.

40. Read and analyze the following sentences. Which prepositions are used with which verbal prefixes? Make a list.

1. Ма́ша откры́ла дверь и **вошла́ в дом**. Ма́ша откры́ла дверь и **вы́шла из до́ма**.
2. Тури́сты **вхо́дят в зал** музе́я. Тури́сты **выхо́дят из за́ла** музе́я.
3. Прозвене́л звоно́к, и зри́тели на́чали **входи́ть в** зри́тельный зал. Ко́нчился фильм, и зри́тели на́чали **выходи́ть из** зри́тельного за́ла.
4. Мы **вошли́ в сало́н** самолёта. Мы **вы́шли из сало́на** самолёта.
5. Авто́бус останови́лся, и пассажи́ры **вошли́ в авто́бус**. Авто́бус останови́лся, и пассажи́ры **вы́шли из авто́буса**.
6. Маши́на **въе́хала в гара́ж**. Маши́на **вы́ехала из гаража́**.
7. Она́ **вхо́дит в аудито́рию** в 9 часо́в. Она́ **выхо́дит из аудито́рии** ро́вно в 10 часо́в.
8. Пти́ца **влете́ла в откры́тое окно́**. Пти́ца **вы́летела из откры́того окна́**.
9. Парохо́д **вошёл в порт**. Парохо́д **вы́шел из по́рта**.
10. Грузови́к **въезжа́ет в по́рт**. Грузови́к **выезжа́ет из по́рта**.

41. Rephrase according to the model, indicating that the given action happens often.

Она́ вошла́ в ко́мнату без сту́ка. (without knocking)
Она́ всегда́ вхо́дит в ко́мнату без сту́ка.

1. Маши́на въе́хала в гара́ж в шесть часо́в.
2. Сего́дня он вы́шел из посо́льства в три часа́.
3. Она́ вбежа́ла в аудито́рию по́сле звонка́.
4. Она́ вы́бежала из до́ма за полчаса́ до нача́ла рабо́ты.
5. Самолёт вы́летел то́чно по расписа́нию.
6. Зри́тели вошли́ в зри́тельный зал по́сле тре́тьего звонка́.
7. На после́дней остано́вке все пассажи́ры вы́шли из авто́буса.

42. Use the correct form of a verb of motion with the prefix в– or вы– as required by context. (Look carefully at the prepositions and words following the verb. They will help you choose correctly!)

1. Он откры́л дверь и . . . . в кабине́т врача́.
2. Дверь откры́лась, и она́ . . . . из аудито́рии.
3. Мой сосе́д всегда́ . . . . из гаража́ на маши́не в 7 часо́в утра́.
4. Мы встре́тились у вхо́да и . . . . в магази́н «Плака́т».
5. Ли́нда . . . . в метро́.
6. Она́ . . . . из ваго́на на ста́нции Цветно́й бульва́р.

8 ▶ 43. Provide complete conjugations for the following verb stems:

остана́вливай-ся   останови́-ся

infinitive		past tense
non-past		он
я	мы	она́
ты	вы	оно́
он, она́, оно́	они́	они́

imperative

> **К** ци́рку подъезжа́ют маши́ны. **От** ци́рка отъезжа́ют маши́ны.
> **Ми́мо** меня́ пробега́ют зри́тели.

44. Provide antonyms according the model using the prefixes **под–** (**подъ–**) and **от–** (**отъ–**):

Я подошла́ к окну́.   Я отошла́ от окна́.
Я отошла́ от окна́. **Я подошла́ к окну́.**

1. Преподава́тель подошёл к столу́. 5. Авто́бусы подхо́дят к остано́вке ча́сто.
2. Студе́нт отошёл от доски́.   6. Ли́нда подошла́ к прохо́жему.
3. По́езд уже́ отхо́дит от платфо́рмы. 7. Ко мне подошёл симпати́чный
4. Такси́ подъе́хало к вокза́лу.   молодо́й челове́к.

45. Fill in the correct form of a verb of motion with or without a prefix as required by context.

Бори́с пригласи́л нас к себе́ в го́сти на да́чу. Мы реши́ли . . . . к нему́ в субббо́ту ве́чером, чтобы провести́ на да́че всё воскресе́нье. Мы . . . . из общежи́тия в пять часо́в, се́ли в авто́бус и . . . . на Ки́евский вокза́л. Мы . . . . на вокза́л через полчаса́. Мы посмотре́ли расписа́ние (schedule) и уви́дели, что по́езд то́лько что . . . . Сле́дующий по́езд отправля́лся через два́дцать мину́т. Мы купи́ли биле́ты и . . . . на платфо́рму. Когда́ по́езд . . . . к платфо́рме, мы . . . . в ваго́н и се́ли. Че́рез три мину́ты по́езд . . . . от платфо́рмы. Мы . . . . о́коло часа́. Мы . . . . в семь часо́в. Когда́ мы . . . . из ваго́на, бы́ло ещё светло́. Бори́с встре́тил нас на платфо́рме. Мы . . . . на стоя́нку, где он оста́вил маши́ну. Се́ли в маши́ну и . . . . к нему́ на да́чу.

46. a. Read and analyze the following sentences. When is **мно́го** (a lot) used as opposed to **мно́гие** (many)? What form of the verb is used with each?

1. На у́лице **мно́го** маши́н. **Мно́гие (из них)** е́дут в центр го́рода.
2. У метро́ бы́ло **мно́го** люде́й. **Мно́гие (из них)** шли со стадио́на.
3. У меня́ **мно́го** ро́дственников. **Мно́гие (из них)** живу́т в Евро́пе.
4. В на́шей гру́ппе бы́ло **мно́го** иностра́нных студе́нтов. **Мно́гие (из них)** прие́хали в Аме́рику в пе́рвый раз.
5. В на́шей видеоте́ке **мно́го** фи́льмов. **Мно́гие (из них)** на ру́сском языке́.

b. Insert either the adverb **мно́го** or the adjective **мно́гие**

1. У него́ бы́ло о́чень . . . . кни́г.
   . . . . бы́ли на англи́йском языке́.
2. В э́том общежи́тии . . . . де́вушек.
   . . . . занима́ются аэро́бикой.
3. На стадио́не бы́ло . . . . спортсме́нов.
   . . . . из на́шего университе́та.
4. В на́шем университе́те . . . . авто́бусов.
   . . . . не рабо́тают по суббо́там и воскресе́ньям.

9 ▶ 47. a. Read and analyze the following sentences. When is **не́сколько** (a few) used as opposed to **не́которые** (some)? What form of the verb is used with each?

1. В аудито́рии бы́ло **не́сколько** студе́нтов. **Не́которые (из них)** стоя́ли у окна́.
2. **Не́сколько** маши́н подъе́хало к ци́рку. **Не́которые (из них)** останови́лись
   дово́льно далеко́ от вхо́да в цирк.
3. На стене́ виси́т **не́сколько** карти́н. **Не́которые (из них)** — рабо́ты изве́стного
   худо́жника.
4. На столе́ лежа́ло **не́сколько** пи́сем. **Не́которые (из них)** бы́ли от моего́ дру́га.

b. Insert either **не́сколько** or **не́которые.**

1. У моего́ дру́га есть . . . . карти́н совреме́нных худо́жников.
   . . . . из них о́чень це́нные.
2. . . . . маши́н подъе́хало к посо́льству. . . . . из них останови́лись у
   вхо́да в посо́льство.
3. В библиоте́ке бы́ло . . . . ста́рых рукопи́сных кни́г. . . . . . . из них
   бы́ли на иври́те. (Hebrew)
4. В ко́мнате бы́ло . . . . . . человек. . . . . из них сиде́ли в кре́слах у
   телеви́зора.
5. На столе́ лежа́ло . . . . . . газе́т. . . . . . . из них на ара́бском языке́.

48. Change to the past tense:

Мно́го маши́н подъезжа́ет к стоя́нке. Не́которые из них не нахо́дят ме́сто и уезжа́ют.

**Мно́го маши́н подъезжа́ло к стоя́нке. Не́которые из них не находи́ли ме́сто и
уезжа́ли.**

1. Мно́го спортсме́нов бежи́т к стадио́ну. Мно́гие из них бегу́т с раке́тками.
2. Мно́го тури́стов иду́т к Хра́му Васи́лия Блаже́нного (St. Basil's Cathedral).
   Не́которые из них иду́т о́чень ме́дленно.
3. Мно́го маши́н е́дет в центр го́рода. Мно́гие из них е́дут бы́стро.
4. На стоя́нке ря́дом с ци́рком стои́т не́сколько маши́н. Мно́гие из них ждут
   зри́телей.

49. Translate into Russian:

There are a lot of students in my Russian class. A few of them are foreigners. Many of us work and study. Many of us live in dormitories. Some of us rent private apartments or live with our parents.

50. Render the following into reported speech: (In questions without interrogative words, the emphasized element is given in boldface.) (See *Рабочая тетрадь, Урок 1, упр. 35; Stage I: Unit XV: 3.0-3.3.*)

1. Линда спросила: «Когда начало спектакля?»
2. Саша спросил Линду: «Когда мы встретимся?»
3. Линда спросила: «Где находится новый цирк?»
4. Линда спросила у прохожего: «Как доехать до Цветного бульвара?»
5. Саша спросил Линду: «Ты **хочешь** пойти в цирк?»
6. Линда спросила: «Это **старый** цирк?»
7. Подружки спросили Машу: «Ты **пойдёшь** с нами в лес за грибами?»
8. Медведь спросил Машеньку: «Ты **умеешь** кашу варить?»

10 ▶ 51. Provide full declensions (singular and plural) of the following nouns: рука (СС) and сторона (СС) and mark stress throughout. *(Appendix IX)*

52. Translate into Russian:

a. —Hi, Natasha!
   —Hi, John!
   —Where are you hurrying to?
   —I'm going to English class. And you?
   —I'm going to the cafeteria to eat lunch. Maybe we can meet after your class?
   —Fine. (Agreed!) I'll wait for you near the entrance to the library.
   —Bye!

b. (in the metro car)
   —Hi, Bob!
   —Hi, Sergei! Where are you coming from?
   —I'm coming from the center. I work at the stock exchange in the center.
      And where are you coming from?
   —I went to see my friend.

c. Last night Sveta called and invited me to go to the movies with her. We agreed to meet ten minutes before the beginning of the show at the entrance to the movie theatre. The movie theatre is not far from my house and I decided to walk (to go by foot). I left home a half hour before the beginning of the film. I walked through the park, crossed the street, and walked up to the movie theatre. I arrived on time to the place we agreed to meet (meeting place = место встречи). Sveta was waiting for me already. We bought tickets and went into the hall. After the film we went to a restaurant together. I got home very late.

11 ▶ 53. Insert the missing parts of the dialogues using material from the conversation section of Unit 2:

1. (на остано́вке авто́буса)
— Вы не ска́жете, э́тот авто́бус идёт в центр?
— . . . .
— А как туда́ дое́хать?
— . . . .
— Спаси́бо.

2. (на у́лице)
— Де́вочка, ты здесь живёшь?
— . . . .
— А ты не зна́ешь, где кни́жный магази́н?
— . . . .
— Спаси́бо.

3. (в метро́)
— Скажи́те, пожа́луйста, здесь вы́ход в го́род?
— . . . .
— А как пройти́ к вы́ходу?
— . . . .

4. — Такси́ свобо́дно?
— . . . .
— Мне на́до в америка́нское посо́льство.
— . . . .
— Я не зна́ю, как е́хать.

5. (в метро́)
— Извини́те, кака́я сле́дующая остано́вка?
— . . . .
— А ско́ро бу́дет «Театра́льная пло́щадь»?
— . . . .

6. — Вы выхо́дите на сле́дующей?
— . . . .
— Разреши́те пройти́.

54. Continue the dialogues (3–4 lines):

1. — Скажи́те, где нахо́дится гости́ница «Метропо́ль»?
. . . .

2. — Вы не ска́жете, где здесь ближа́йшая ста́нция метро́?
. . . .

3. — Скажи́те, пожа́луйста, я пра́вильно иду́? Мне на́до на переса́дку.
. . . .

4. — Скажи́те, пожа́луйста, како́й авто́бус идёт до Арба́та?
. . . .

5. (в метро́)
— Вы выхо́дите?
. . . .

12 ▶ 55. Provide complete conjugations for the following verb stems:

собира́й–ся, собр/а́–ся

infinitive		past tense
non-past		он
я	мы	она́
ты	вы	оно́
он, она́, оно́	они́	они́

imperative

56. Make up word combinations from the following nouns and adjectives. Then make up sentences with each pair.

центра́льный	зал
ближа́йший	же́нщина
сле́дующий	по́мощь
дли́нный	пло́щадь
широ́кий	доро́га
у́зкий	остано́вка
свобо́дный	права́
стари́нный	у́лица
после́дний	переу́лок
кольцево́й	раз
води́тельский	бульва́р
вы́ставочный	ста́нция
пожило́й	ли́ния
ско́рый	дом

57. Using verbs of motion, write a short essay in Russian on one of the following topics: a) retell one of your favorite fariytales (or make up your own!), b) tell how you found your way around an unfamiliar city, c) describe your daily route to the university (work).

Рабочая тетрадь

0 ▶ 1. Provide complete conjugations of the following verb stems:
(Appendix XI and Stage I: Analysis, Chapter V, 5.0 Unit)

спать *(irreg.)*	просыпа́й–ся,	просну́–ся
	одева́й–ся,	оде́н–ся (stem де́н like ста́н–)

infinitive   past tense
non-past   он
я   мы   она́
ты   вы   оно́
он, она́, оно́   они́   они́

imperative

2. Provide complete declensions of the nouns **вре́мя** (AB), **и́мя** (AB) *(Appendix III and Stage I: VII 4.2)* and **сон** (the "o" in сон is fleeting).

3. a.   Identify (circle) the root in each of the words derived from it.
   b.   Find the English equivalents.

—врем— time, temp-	
вре́мя	on time
вре́менно	(person) contemporary
вре́менный	modern, contemporary
во́время *adv.*	temporary
совреме́нный	temporarily
совреме́нник	time

   c.   Translate the items in parentheses into Russian:

1. На ме́сто встре́чи Ли́нда пришла́ _____ (on time).   2. Мне нра́вится _____ (contemporary) архитекту́ра.   3. Неда́вно я ви́дела кни́гу «Пу́шкин и его́ _____» (contemporaries).   4. Лифт _____ (temporarily) не рабо́тал, и мы пошли́ на четвёртый эта́ж пешко́м.   5. У меня́ совсе́м нет свобо́дного _____ (time).   6. Во _____ (time) кани́кул я е́здила к роди́телям.

1 ▶ 4. Provide complete conjugations for the following verb stems:

ложи́–ся, лечь *irreg.* **встава́й–, вста́н–**

infinitive		past tense	
non-past		он	
я	мы	она́	
ты	вы	оно́	
он, она́, оно́	они́	они́	

imperative

5. a. Identify (circle) the root in each of the words derived from it.
b. Find the English equivalents.

—ран— early		**—позд—** late	
ра́но	*adj.* early	по́здно	lateness
ра́нний	earlier	по́здний	to be late
ра́ньше	*adv.* early	по́зже	*adj.* late
		опа́здывать–опозда́ть	*adv.* late
		опозда́ние	later

c. Translate into Russian:

1. Сего́дня я вста́ла о́чень _____ (early). 2. Я боя́лась _____ (to be late) на по́езд. 3. Лу́чше _____ (late), чем никогда́. 4. Вчера́ он пришёл _____ (earlier), чем обы́чно. 5. Я люблю́ _____ (early) весну́ и _____ (late) о́сень.

6. Make a list of all the time expressions contained in Linda's diary entry for October 15. Compose five sentences using some of the constructions in your list. (For a thorough review of Time Expressions in Russian, see *Stage I: XIV, 5.0.* For clock time, see *Appendix V.* Also, review the declensions of cardinal and ordinal numerals see *Appendix IV and Stage I: Appendix V.*)

> Сего́дня у́тром Ли́нда вста́ла в во́семь часо́в.
> Ли́нда обы́чно ложи́тся спать о́коло оди́надцати часо́в ве́чера.
> Ли́нда свобо́дна по́сле шести́ часо́в ве́чера.
> Они́ занима́ются с девяти́ до ча́са и с трёх до шести́ часо́в.

2 ▶ 7. Answer according to the model:

Когда́ он пришёл? (сего́дня, у́тро, 8:00)
Он пришёл сего́дня у́тром, в во́семь часо́в утра́.

1. Когда́ они́ прие́хали? (вчера́, ве́чер, 7:00)
2. Когда́ она́ уе́хала в аэропо́рт? (сего́дня, день, 2:00)
3. Когда́ прилета́ет Бори́с Никола́евич? (за́втра, ночь, 3:00)

4. Когда́ уезжа́ет ваш друг? (за́втра, ве́чер, 9:00)
5. Когда́ он сказа́л вам об э́том? (вчера́, у́тро, 10:00)
6. Когда́ вы узна́ете о результа́тах экза́менов? (сего́дня, у́тро, 11:00)
7. Когда́ вы позвони́те мне? (сего́дня, ве́чер, 6:00)
8. Когда́ он звони́л вам? (вчера́, ночь, 2:00)
9. Когда́ вы встре́тили Ми́шу? (сего́дня, день, 4:00)
10. Когда́ вы пойдёте в компью́терный центр? (за́втра, у́тро, 9:00)

8. **a.** Continue as in the model:

Обы́чно я встаю́ в шесть часо́в . . . . . . (7:00)
Обы́чно я встаю́ в шесть часо́в, а вчера́ я встал по́зже, в семь.

1. Са́ша всегда́ ложи́тся спать в оди́ннадцать часо́в . . . . . . (11:20)
2. Ли́нда обы́чно встаёт в во́семь часо́в, ... (8:30)
3. Мы обы́чно обе́даем в час, ... (2:00)
4. Они́ всегда́ у́жинают в шесть часо́в, ... (7:30)
5. Де́ти обы́чно ложа́тся спать в де́вять часо́в, ... (9:45)
6. Па́па всегда́ встаёт в пять часо́в, ... (9:00).
7. Ма́ма всегда́ ложи́тся спать в оди́ннадцать часо́в, ... (1:00).
8. Я обы́чно за́втракаю в че́тверть девя́того, ... (9:15)

b. Now in the future:

Обы́чно я встаю́ в шесть, а за́втра . . . . . . (5:00)
Обы́чно я встаю́ в шесть часо́в, а за́втра вста́ну ра́ньше, в пять.

1. Обы́чно я ложу́сь спать в оди́ннадцать часо́в, а сего́дня . . . . . . (10:00).
2. Анто́н обы́чно встаёт в полови́не восьмо́го, а за́втра . . . . . . (6:30).
3. Мы обы́чно обе́даем в полови́не тре́тьего, а сего́дня . . . . . . (12:45).
4. Де́ти обы́чно ложа́тся спать в де́вять, а сего́дня . . . . . . (8:00)
5. Ната́ша всегда́ встаёт в че́тверть девя́того, а за́втра . . . . . . (7:15).
6. Они́ обы́чно у́жинают в полови́не седьмо́го, а сего́дня . . . . . . (5:30).
7. Ми́ша всегда́ ложи́тся спать в час но́чи, а сего́дня . . . . . (11:00).
8. Я обы́чно встаю́ в полови́не шесто́го, а за́втра . . . . . . (4:30).

9. Answer the questions *(Stage I: Appendix V, 3.1)*: Remember time "from" is expressed in Russian by **с** + genitive, and time "until" is expressed by **до** + genitive.

a. — У вас ка́ждый день заня́тия? (9:00)
— Да, с девяти́ часо́в.

1. Библиоте́ка рабо́тает по суббо́там? (12:00)
2. Банк рабо́тает в понеде́льник? (9:00)
3. У вас есть заня́тия в сре́ду? (2:00)
4. Профе́ссор Лео́нтьев сего́дня бу́дет на ка́федре? (1:00)
5. Театра́льная ка́сса сего́дня рабо́тает? (3:00)

b. — У вас ка́ждый день заня́тия? (3:00)
   — Да, до трёх часо́в.

   1. Э́тот магази́н рабо́тает ка́ждый день? (6:00)
   2. Бассе́йн откры́т в суббо́ту? (5:00)
   3. Компью́терный центр рабо́тает по воскресе́ньям? (8:00)
   4. Столо́вая рабо́тает ка́ждый день? (7:00)

3 ▶ 10. Provide complete conjugations for the following verb stems:

чи́сти– (ст→щ)   опа́здывай–, опозда́й–

infinitive		past tense
non-past		он
я	мы	она́
ты	вы	оно́
он, она́, оно́	они́	они́

imperative

11. Make up short dialogues as in the model:

— Когда́ откры́т кио́ск? (8:00-5:30)
— С восьми́ до пяти́ тридцати́.

— Когда́ откры́та библиоте́ка? (9:30-6:00)
— С девяти́ тридцати́ до шести́.

1. магази́н (9:00-9:00)   2. бассе́йн (11:00-5:00)   3. компью́терный центр (12:00-7:00)
4. столо́вая (7:00-6:00)   5. ка́сса (8:00-10:00)   6. банк (9:00-3:00)   7. по́чта (8:00-
12:00)   8. гара́ж (6:00-10:00)

> Ли́нда хо́дит в бассе́йн в понеде́льник и в сре́ду.
> Ли́нда прие́хала в Москву́ о́сенью, в сентябре́.
> Интенси́вный курс на́чался **на про́шлой неде́ле.**

12. Answer as in the model: Remember that we use **в** + accus. for days of the week and **на** +
prep. for weeks.

— Когда́ Пётр был у вас? (про́шлая неде́ля, вто́рник)
— **Пётр был у нас на про́шлой неде́ле, во вто́рник.**

1. Когда́ они́ прие́дут домой? (э́та неде́ля, среда́)
2. Когда́ у вас экза́мен по ру́сскому языку́? (сле́дующая неде́ля, пя́тница)
3. Когда́ вы купи́ли э́тот большо́й англо-ру́сский слова́рь? (про́шлая неде́ля,
   понеде́льник)
4. Когда́ у Ма́рка экза́мен по исто́рии иску́сств? (бу́дущая неде́ля, четве́рг)

5. Когда́ у вас бу́дет свобо́дное вре́мя? (э́та неде́ля, суббо́та)
6. Когда́ вы пое́дете в Национа́льную галере́ю в Вашингто́н? (сле́дующая неде́ля, воскресе́нье)
7. Когда́ к вам приезжа́ли друзья́? (про́шлая неде́ля, вто́рник)

4 ▶ 13. Answer as in the model: Remember that we use the instrumental case with no preposition for seasons and **в** + prep. for months.

— Когда́ он прие́хал? (весна́, март)
— **Он прие́хал весно́й, в ма́рте.**

1. Когда́ она́ родила́сь? (зима́, февра́ль)
2. Когда́ вы уезжа́ете? (о́сень, сентя́брь)
3. Когда́ у вас начина́ются ле́тнис кани́кулы? (ле́то, ию́нь)
4. Когда́ в э́том году́ Па́сха (Eastcr)? (весна́, апре́ль)
5. Когда́ у него́ роди́лся сын? (зима́, янва́рь)
6. Когда́ вы пое́дете в Москву́? (ле́то, а́вгуст)
7. Когда́ начина́ются зи́мние кани́кулы? (зима́, дека́брь)
8. Когда́ студе́нты сдаю́т экза́мены? (весна́, май)
9. Когда День Незави́симости в Аме́рике (Independence Day, 4th of July)? (ле́то, ию́ль)
10. Когда День Благодаре́ния в Аме́рике (Thanksgiving)? (о́сень, ноя́брь)
11. Когда́ у вас весе́нние кани́кулы? (весна́, март)
12. Когда́ у них родила́сь дочь? (о́сень, октя́брь)

14. Answer as in the model (dat. + **не́когда** = one has no time for):

— Вы мо́жете перевести́ э́ту статью́ сего́дня?
— **Сего́дня мне не́когда. У меня́ совсе́м нет свобо́дного вре́мени.**

1. Вы напи́шете за́втра ему́ отве́т?
2. Вы найдёте на сле́дующей неде́ле журна́лы по специа́льности?
3. Вы переведёте во вто́рник э́тот текст?
4. Вы бу́дете в сле́дующем семе́стре ходи́ть на аэро́бику?
5. Вы соста́вите в сре́ду гра́фик (graph)?

15. Put the words in parentheses in the correct form. Note the preposition **с** + genitive is used to indicate time "from, since" with months, years, weeks, etc., not just with hours as in exercise 9 above.

— Ли́нда живёт в Москве́ (сентя́брь).
— **Ли́нда живёт в Москве́ с сентября́.**

1. (де́тство) он о́чень люби́л чита́ть. 2. (ра́ннее у́тро) мы уже́ на рабо́те. 3. Она́ серьёзно занима́ется англи́йским языко́м (шко́ла). 4. Они́ хорошо́ зна́ют друг дру́га (университе́т). 5. Джон занима́ется ру́сским языко́м (про́шлый год).
6. (сле́дующий ме́сяц) мои́ роди́тели бу́дут жить на мо́ре. Они́ купи́ли там дом.
7. (вто́рник) у нас начну́тся заня́тия в компью́терном це́нтре.

16. Answer the questions using the material in parentheses:

— Ты давно́ с ним знако́м? (де́тство)
— **Да, я знако́м с ним с де́тства.**

1. Он давно́ занима́ется ру́сским языко́м? (шко́ла)   2. Она́ давно́ живёт в ва́шем го́роде? (про́шлый год)   3. Когда́ вы бу́дете жи́ть в но́вом до́ме? (сле́дующая неде́ля)   4. Когда́ начну́тся гастро́ли (tour) Моско́вского ци́рка в Вашингто́не? (среда́)   5. Они́ давно́ у́чатся в ва́шем университе́те? (дека́брь про́шлого го́да)

> Ли́нда прие́хала в Москву́ на де́сять ме́сяцев.
> Че́рез де́сять ме́сяцев она́ пое́дет домо́й.

5 ▶ 17. Answer as in the model (**че́рез** + accusative is used to indicate the time after which an action occurs):

— Когда́ прие́дут ва́ши роди́тели? (неделя)
— **Мои́ роди́тели прие́дут через неде́лю.**

1. Когда́ Ли́нда пое́дет в Санкт-Петербу́рг? (ме́сяц)   2. Ты не зна́ешь, когда́ он придёт с рабо́ты? (час)   3. Когда́ начина́ются кани́кулы? (5 дней)   4. Вы не зна́ете, когда́ начнётся ле́кция? (15 мину́т)   5. Когда́ мы смо́жем нача́ть рабо́тать? (полчаса́)   6. Когда́ он уезжа́ет? (3 ме́сяца)   7. Когда́ вы зако́нчите университе́т? (год)

18. Answer as in the model (**на** + accusative indicates the time period that begins once the action is completed):

— На ско́лько вы прие́хали? (год)
— **Я прие́хал(а) на год.**

1. На ско́лько он уе́хал? (2 го́да)   2. На ско́лько вы уезжа́ете? (неде́ля)
3. На ско́лько вы мо́жете прие́хать в Нью Йо́рк? (три дня)   4. На ско́лько они́ уезжа́ют? (ме́сяц)   5. На ско́лько он она́ прие́хала в Вашингто́н? (шесть ме́сяцев)
6. На ско́лько она́ прие́хала, надо́лго? (пять лет)

19. Compose sentences as in the model.

мои́ роди́тели, Гава́йские острова́, ме́сяц
Мои́ роди́тели собира́ются на Гава́йские острова́. Они́ пое́дут на ме́сяц. Они́ там бу́дут жить ме́сяц. Они́ верну́тся через ме́сяц.

1. я, Нью Йо́рк, три дня   2. моя́ сестра́, Москва́, две неде́ли   3. наш друг, Пари́ж, 10 дней   4. на́ши знако́мые, А́фрика, три неде́ли   5. мой знако́мый, Вашингто́н, оди́н год   6. мы, Кана́да, неде́ля

20. Answer as in the model: (за + accusative . . . до + genitive is used for indicating X minutes before the beginning (end, etc.)

— Когда́ Ли́нда пришла́ в цирк? (15 мину́т, нача́ло спекта́кля)
— Ли́нда пришла́ в цирк за пятна́дцать мину́т до нача́ла спекта́кля.

1. Когда́ вы прие́хали в аэропо́рт? (2 часа́, вы́лет)
2. Когда́ прие́хали уча́стники конфере́нции? (не́сколько дней, нача́ло)
3. Когда́ вы придёте на ро́к-конце́рт? (полчаса́, нача́ло)
4. Когда́ они прие́дут на вокза́л? (15 мину́т, отхо́д по́езда)
5. Когда́ ты пришёл на ле́кцию? (2 мину́ты, нача́ло)

21. Ask questions that would produce the following statements:

1. Он сказа́л мне об э́том **вчера́ ве́чером**. 2. Компью́терный центр рабо́тает **с девяти́ до шести́ часо́в**. 3. Моя́ сестра́ родила́сь **весно́й**. 4. У нас кани́кулы в **ма́рте**. 5. Обы́чно я встаю́ **в семь часо́в**. 6. Мой друг прие́дет **через неде́лю**. 7. Мы свобо́дны то́лько **по́сле обе́да**. 8. Меха́ник рабо́тает **с десяти́**.

> Ли́нда де́лает дома́шнее зада́ние по́лчаса.
> Ли́нда **сде́лала** дома́шнее зада́ние **за** по́лчаса.

6 ▶ 22. Read and analyze the following sentences. Note that to describe a single action in progress, the imperfective aspect of the verb is used and the time period over which the action takes place is expressed by the accusative case with no preposition. *("I spent a week writing my paper."* **Я писа́ла докла́д неде́лю.**) However, when the speaker wishes to emphasize the result of the action, the perfective aspect of the verb is used and the time period required to complete the action is expressed by the use of the preposition **за** followed by the accusative case. *("I wrote (and finished) my paper in (by the end of) three months.."* **Я написа́ла докла́д за три ме́сяца.**) This expresses how much time was (will be) required to complete the action. (For an overview of aspectual usage, see *Stage I: Unit VI.*)

1. О́льга **просма́тривала** журна́лы по специа́льности два часа́.
2. О́льга **просмотре́ла** журна́лы по специа́льности за полчаса́.
3. Хиру́рг **де́лал** сло́жную опера́цию **це́лый час**.
4. Хиру́рг **сде́лал** сло́жную опера́цию **за час**.
5. Мы **учи́ли** но́вые слова́ **весь ве́чер**.
6. Мы **вы́учили** но́вые слова́ **за ве́чер**.
7. Она́ **переводи́ла** э́тот рома́н **два го́да**.
8. Она́ **первела́** э́тот рома́н **за два го́да**.
9. Программи́ст **составля́л** э́ту програ́мму **неде́лю**.
10. Программи́ст **соста́вил** э́ту програ́мму **за неде́лю**.
11. Ли́нда **писа́ла** дома́шнее зада́ние **два́дцать мину́т**.
12. Ли́нда **написа́ла** дома́шнее зада́ние за два́дцать мину́т.

23. Insert the verb in the correct form (Remember: the preposition **за** is a signal for the perfective aspect):

1. Журналист (писа́ть-написа́ть) э́ту статью́ три дня.
2. Строи́тели (стро́ить-постро́ить) э́ту гости́ницу за по́лгода.
3. Худо́жник (писа́ть-написа́ть) портре́т два го́да.
4. Ма́ша (учи́ть-вы́учить) но́вые слова́ за ве́чер.
5. Био́лог (проводи́ть-провести́) э́тот экспериме́нт полго́да.
6. Бори́с (переводи́ть-перевести́) э́тот сло́жный текст за час.
7. Э́тот рома́н Толсто́го мы (чита́ть-прочита́ть) весь семе́стр.
8. Я (печа́тать-напеча́тать) э́ту рабо́ту це́лый день.
9. Э́тот компози́тор (писа́ть-написа́ть) но́вую музыка́льную пье́су за ме́сяц.

24. Answer the questions as in the model, using the verbs in parentheses. Pay careful attention to what you are being asked: a) what you were doing, what activity occupied your time, or b) was (is) there a result of your action.

> (гото́вить/пригото́вить обе́д)
— Вы бы́ли свобо́дны у́тром?
— **Нет, я гото́вил(а) обе́д.**

а. (гото́вить/пригото́вить обе́д)
    1. Почему́ вы не напеча́тали э́тот текст?
    2. Что́ вы де́лали днём?
    3. У нас есть что́-нибудь пое́сть?
    4. Почему́ вы не пошли́ гуля́ть?
    5. У нас сего́дня есть обе́д?
б. (переводи́ть/перевести́ текст)
    1. Почему́ ты не ходи́л(а) вчера́ с на́ми в кино́?
    2. Ты пойдёшь с на́ми в кино́?
    3. Что́ ты де́лал(а) вчера́ ве́чером?
    4. У тебя́ гото́в перево́д?
    5. Ты мо́жешь дать мне слова́рь?

> Мы успе́ем вы́пить ча́шку ко́фе.

25. Provide complete conjugations for the following stems:

начина́й- на́чн-　　　конча́й-　　　ко́нчи-
успева́й- успе́й-

		past tense
infinitive		
non-past		он
я	мы	она́
ты	вы	оно́
он, она́, оно́	они́	они́
imperative		

26. a. Identify (circle) the root in each of the words derived from it.
    b. Find the English equivalents.

—ч/н— begin		—кон— end	
начина́ть-нача́ть	beginning	конча́ть-ко́нчить	final, last, ultimate
начина́ться-нача́ться	*adv.* at first	конча́ться-ко́нчиться	end
нача́ло	initial, primary	коне́ц	*f.* infinity
снача́ла	to begin	наконе́ц	to finish
нача́льный	*intrans.* to start	коне́чный	*intrans.* to end
		бесконе́чность	*adv.* finally

c. Translate, choosing from the words above:

1. Он . . . . (began) занима́ться ру́сским языко́м в про́шлом году́.
2. Мы дое́хали до . . . . (final, last) ста́нции метро́.
3. . . . . (The beginning) спекта́кля в 7:00 часо́в.
4. Она́ . . . . (finally) прие́хала к нам.
5. . . . . (At first) мы пошли́ в рестора́н, а пото́м в кино́.
6. Заня́тия . . . . (begin) в 8:00 часо́в и . . . . (end) в час.

27. a. Identify (circle) the root in each of the words derived from it.
    b. Find the English equivalents.

—спей— (—успех—) succeed, be on time	
успева́ть–успе́ть	*impf.* to hurry
успех	When you hurry, you make people laugh!
(Я жела́ю вам успе́ха (успе́хов) —	
I wish you success).	
успе́шный	progress, success
успе́шно	successful
безуспе́шный	unsuccessful
безуспе́шно	successfully
спеши́ть–поспеши́ть	unsuccessfully
Поспеши́шь, люде́й насмеши́шь!	to succeed, to have time to

c. Translate into Russian:

1. Я вчера́ . . . . (managed to) написа́ть перево́д. 2. Он сказа́л: «Я жела́ю тебе́ . . . . (success, *gen. pl.*).» 3. Я опа́здываю и о́чень . . . . (hurry). 4. Она́ . . . . (successfully) сдала́ экза́мены.

28. Read the following sentences. Recall that after the perfective verbs **успе́ть** and **забы́ть** a perfective infinitive is used, since the very semantics of these verbs indicate completion or lack thereof. After the verbs **начина́ть-нача́ть, конча́ть-ко́нчить, продолжа́ть-продо́лжить,** on the other hand, an imperfective infinitive is always used, since these

auxiliary verbs refer to the process of action, to only one phase of the action (beginning, middle, or end).

1. Я не **успе́ла напеча́тать** рабо́ту.   2. Молодо́й челове́к **на́чал** гро́мко **говори́ть.** 3. Са́ша **на́чал учи́ть** англи́йский язы́к давно́. 4. Я **забы́ла спроси́ть** у Са́ши, где он живёт.   5. Они́ не **успе́ли позвони́ть** домо́й.   6. Он **на́чал собира́ть** свою́ колле́кцию три го́да наза́д.   7. Джон **забы́л поздра́вить** Серёжу с днём рожде́ния. 8. Вчера́ мы **успе́ли перевести́** весь расска́з.   9. Он **ко́нчил составля́ть** програ́мму неде́лю наза́д.   10. Она́ **продолжа́ет писа́ть** стихи́.   11. Сего́дня мы **начина́ем чита́ть** рома́н Булга́кова «Ма́стер и Маргари́та».   13. Мы **успе́ем вы́пить** ча́шку ко́фе.   14. Они́ **ко́нчили пить** чай и на́чали смотре́ть телеви́зор.

29. Insert the correct infinitive:

    1. Ли́нда начала́ (одева́ться-оде́ться).   2. Она́ не успе́ла (гото́вить-пригото́вить) обе́д.   3. Она́ успе́ет (писа́ть-написа́ть) курсову́ю рабо́ту во́время.   4. Наконе́ц, он ко́нчил (собира́ть-собра́ть) ве́щи.   5. Ната́ша продолжа́ет (составля́ть-соста́вить) гра́фик.   6. Они́ забы́ли (чита́ть-прочита́ть) э́тот текст до́ма.   7. Бори́с на́чал (говори́ть-сказа́ть) по-ру́сски бы́стро, и я не понима́ла, что он говори́т. 8. Извини́те меня́, что я забы́л (представля́ться-предста́виться).   Вот моя́ визи́тная ка́рточка. 9. Они́ на́чали (проща́ться-прости́ться). 10. Я совсе́м забы́ла (спра́шивать-спроси́ть), как его́ зову́т.   11. Он на́чал (отвеча́ть-отве́тить) на вопро́сы бы́стро и уве́ренно (confidently).

30. Answer the questions, using the verbs **нача́ть, ко́нчить, продложа́ть, успе́ть, забы́ть** followed by infinitives.

    1. Вы давно́ занима́етесь ру́сским языко́м?
    2. Вы чита́ли э́тот текст до́ма?
    3. Почему́ ваш друг так пло́хо говори́т по-францу́зски?
    4. Вы уже́ прочита́ли всю литерату́ру по э́тому вопро́су?
    5. Вы уже́ говори́ли с ней об э́том?
    6. Вы всех знако́мых поздра́вили с пра́здником?
    7. Вы действи́тельно сего́дня не за́втракали?
    8. Вы не мо́жете дать мне э́тот но́вый рома́н?

7 ▶

Когда́ я э́то де́лала, я вспомина́ла сон.
Вчера́ ве́чером пе́ред тем, как лечь спать, я поста́вила буди́льник на 7:00 часо́в.

31. a. Read and analyze. Note that when more than one action occurs simultaneously, the imperfective aspect is used. In such cases, the conjunctions **и, когда́** (in the sense of **пока́**) and **в то вре́мя, как** can be used to express this simultaneity.

    1. Ли́нда пила́ чай **и** смотре́ла телеви́зор.
    2. **Пока́** Ли́нда принима́ла душ, одева́лась и причёсывалась, она́ вспомина́ла сон.

3. **Когда́** О́льга одева́ла ма́ленького Ко́стю, он продолжа́л спать.
4. **В то вре́мя, как** Ли́нда и Са́ша е́хали в университе́т, они́ разгова́ривали и по-англи́йски и по-ру́сски.

b. Note that when more than one action occurs in sequence, the perfective aspect is used and the following conjunctions are possible to indicate that the actions are not simultaneous, but consecutive. The order of the actions is often expressed by conjunctions such as:

снача́ла . . . пото́м; пе́ред тем, как; до того́, как; по́сле того́, как.

1. **Снача́ла** Ли́нда и Са́ша пообе́дали, **пото́м** пошли́ гуля́ть.
2. **Пе́ред тем, как** пойти́ на заня́тия, Ли́нда и Ната́ша успе́ли вы́пить ко́фе.
3. **До того́, как** разбуди́ть дете́й, О́ля свари́ла ка́шу (cooked cereal).
4. **До того́, как** написа́ть курсову́ю рабо́ту, он прочита́л мно́го книг по специа́льности.
5. **Пе́ред тем, как** лечь спать, Ли́нда поста́вила буди́льник на 7:00 часо́в.
6. **По́сле того́, как** она́ поговори́ла с профе́ссором, она́ пошла́ в библиоте́ку.

32. Rephrase the sentences as in the model:

Ли́нда спала́ и ви́дела сон.
Когда́ Ли́нда спала́, она́ ви́дела сон.

1. О́льга одева́ла дете́й, а Ди́ма накрыва́л на стол к за́втраку.
2. Она́ е́хала на рабо́ту и чита́ла по́весть (story) Аксёнова в журна́ле «Ю́ность»
3. Са́ша и Ли́нда шли к смотрово́й площа́дке, и Ли́нда расска́зывала Са́ше об интенси́вном ку́рсе.
4. Они́ сиде́ли на терра́се и пи́ли чай.

33. a. Rephrase using the conjuction **по́сле того́, как** and making all necessary changes.

О́льга причесала́сь, пото́м она́ разбуди́ла му́жа.
По́сле того́, как О́ля причеса́лась, она́ разбуди́ла му́жа.

1. Са́ша купи́л биле́ты, пото́м он позвони́л Ли́нде и пригласи́л её в цирк.
2. О́льга внима́тельно посмотре́ла журна́лы по специа́льности, пото́м она́ дала́ журна́лы мне.
3. Она́ прочита́ла статью́, пото́м начала́ составля́ть гра́фик.
4. Она́ поста́вила буди́льник на шесть часо́в и легла́ спать.

b. Rephrase the sentences in a). using the conjunction **до того́, как.**

О́льга причеса́лась, пото́м она́ разбуди́ла му́жа.
До того́, как Оля разбуди́ла му́жа, она́ причеса́лась.

Я одеваю, умываю, причёсываю младшую сестру,
Я быстро одеваюсь, умываюсь, причёсываюсь.

34. a. Read and analyze, paying attention to the use of the demonstrative pronoun **сам, сама, само, сами** to emphasize that the subject performs the action independently without any help from others.

1. Де́вочка **сама́** одева́ется, причёсывается, умыва́ется.
2. Ми́ша **сам** э́то сде́лает.
3. Мы **сами́** пригото́вим обе́д.
4. Окно́ **само́** откры́лось.

Note that in impersonal constructions with the logical subject in the the dative, this pronoun is also in the dative as it must agree in case, number and gender with the noun it modifies.

1. Де́вочке **само́й** на́до бы́ло оде́ться, причеса́ться, умы́ться.
2. Ми́ше **самому́** на́до бы́ло э́то сде́лать.
3. Нам **сами́м** на́до бы́ло пригото́вить обе́д.
4. Им **сами́м** на́до бы́ло купи́ть биле́ты.

b. Learn the full declension of **сам, сама́, само́, са́ми.** (It declines like э́тот, э́та, э́то, э́ти.) Note that the stress follows the pattern of **он, она́, оно́, они́,** except that the nominative and accusative plural forms are stressed on the root.

	Masc.	**Neuter**	**Feminine**	**Plural**
Nom.	сам	само́	сама́	са́ми
Accus.	сам	само́	саму́	са́ми
	самого́	самого́	—	сами́х
Gen.	самого́	самого́	само́й	сами́х
Prep.	само́м	само́м	само́й	сами́х
Dat.	самому́	самому́	само́й	сами́м
Instr.	сами́м	сами́м	само́й	сами́ми

35. Insert the correct form of the demonstrative pronoun **сам, сама́, само́, са́ми.**

1. Ребёнок . . . . убра́л ко́мнату.
2. Тебе́ . . . . на́до реши́ть э́тот вопро́с.
3. Нам . . . . на́до бы́ло ра́ньше ду́мать, а то́лько пото́м соглаша́ться.
4. А́нна . . . . уме́ет води́ть маши́ну.
5. Роди́тели . . . . постро́или э́тот дом.
6. Студе́нтам . . . . на́до отве́тить на э́ти вопро́сы.

> После обеда, я всегда свободна.
> До двух часов мы были заняты.
> Через пять минут он будет готов.

36. Complete the sentences as in the model (**он свободен, она свободна, оно свободно, они свободны**): *(See Appendix X.)*

   a. Наташа свободна . . . (урок).
       Наташа свободна после урока.

   1. Линда свободна . . . (ужин).
   2. Студенты свободны . . . (занятия).
   3. Я свободна . . . (работа).
   4. Они свободны . . . (спектакль).
   5. Мы свободны . . . (лекция).
   6. Борис свободен . . . (обед).

   b. Now rephrase your responses in the past?
       Наташа была свободна после урока.

37. Complete according to the model (**он занят, она занята, оно занято, они заняты**):

   a. Наташа занята . . . (2 часа).
       Наташа занята до двух часов.

   1. Кэти занята . . . (5 часов).
   2. Том занят . . . (11 часов).
   3. Механик занят . . . (4 часа)
   4. Студенты заняты . . . (2 часа).
   5. Мы заняты . . . (час).
   6. Я занят (занята) . . . (вечер).

   b. Now rephrase in the future:

       Наташа будет занята до двух часов.

8 ▶

38. a. Identify (circle) the root in each of the words derived from it.
    b. Find the English equivalents.

   —свобод— free, liberate

свободный	freedom
свободен, свободна, свободно, свободны	to liberate, to free
свободно	free-loving
свобода	freely, fluently
освобождать–освободить	free
свободолюбивый	to be free

   c. Translate into Russian:

   1. Анна . . . . (fluently) говорит по-французски.   2. Сегодня Билл будет . . . . (free) после обеда.   3. На этой неделе у меня нет . . . . (free) времени.   4. Он думал, что главное в жизни человека — это . . . . . . (freedom).
   5. — Это место . . . . . . (free, vacant)? —Да, садитесь, пожалуйста.

39. Insert either **ужé** (already) or **ещё** (still).

Бы́ло без пятна́дцати семь. Стив . . . . просну́лся и встал, но . . . . не умыва́лся и не бри́лся. Вчера́ они́ договори́лись с Ива́ном, что вы́едут ро́вно в семь. Без десяти́ семь, Ива́н пришёл к Сти́ву. Стив . . . . не́ был гото́в. Он . . . . бри́лся. «Пое́хали! — сказа́л Ива́н. — . . . . семь часо́в!» «Нет, ... то́лько без пяти́ семь. Че́рез пять мину́т я бу́ду гото́в, и мы вы́едем во́время.»

40. Answer that you didn't do the indicated activity yet. (Note the use of aspect: when you want to indicate that a given activity hasn't occurred in the past *at all yet*, use the **imperfective** after **не**.)

— Ты уже́ пригото́вил ко́фе?
— Нет, я ещё не гото́вил ко́фе.

1. Ты уже́ пообе́дала?
2. Ты уже́ побри́лся?
3. Ты уже́ нашла́ гребёнку (comb)?
4. Ты уже́ свари́ла (cooked) ка́шу?
5. Ты уже́ помы́л посу́ду (dishes)?
6. Ты уже́ оде́л дете́й?

(Note that the pair here is **иска́ть—найти́** (to search for–to find).)

41. Answer the questions in the negative. Note that the **perfective** is used after the negative **не** if you want to indicate that a given activity took place in the past but has not been completed.

— Ты́ уже́ написа́ла курсову́ю рабо́ту?
— **Я писа́ла, но ещё не написа́ла.**

1. Ты уже́ прочита́л э́тот журна́л?
2. Ты уже́ соста́вил гра́фик?
3. Ты уже́ пригото́вил материа́л?
4. Ты уже́ нашла́ гребёнку?
5. Ты уже́ убрала́ свою́ ко́мнату?
6. Ты уже́ напеча́тала перево́д?

42. Translate into Russian:

a. — Do you know that soon it will be Oleg's birthday?
— When?
— January 10th.
— What's today's date?
— Today is the seventh.
— That means his birthday is in (after) three days?
— Yes. And he has already invited us over to his place.

b. — Do you know (can't you please tell me) when this store is open (works)?
— From 9:00 am until 7:00 pm.
— And is it open on Sunday?
— No, on Sunday it's closed.

9 ▶ 43. Insert the missing parts of the dialogues:

1. — Вы не ска́жете, кото́рый час?
   — . . . .
   — Полови́на восьмо́го? А когда́ отхо́дит по́езд в Сосно́во?
   — . . . .

2. — Надо́лго вы прие́хали?
   — . . . .
   — Э́то немно́го. Ва́ша гости́ница далеко́ от це́нтра?
   — . . . .

3. — Когда́ у нас сего́дня собра́ние ру́сского клу́ба?
   — . . . .
   — А где?
   — . . . .

4. — Когда́ вы уезжа́ете?
   — . . . .
   — Вы смо́жете до отъе́зда прийти́ к нам в го́сти?
   — . . . .
   — Когда́ вы свобо́дны?
   — . . . .
   — Приходи́те часо́в в 7, на у́жин.

5. — По каки́м дня́м принима́ет врач?
   — . . . .
   — А в каки́е часы́?
   — . . . .

44. Continue the dialogues (4-6 lines):

1. — В каки́е дни быва́ет профе́ссор Во́лков?
   . . . .

2. (в театра́льной ка́ссе)
   — У вас есть биле́ты на спекта́кль «Ма́стер и Маргари́та»?
   . . . .

3. — Вы не ска́жете, когда́ в э́том магази́не переры́в на обе́д?
   . . . .

4. — Я хочу́ вас пригласи́ть в го́сти.
   . . . .

10 ▶ 45. Complete the sentences, choosing a time expression from the column on the right.

Моя́ сестра́ роди́лась . . .	с двух до четырёх.
Магази́н рабо́тает . . .	весно́й.
Мы уезжа́ем . . .	ра́но.
Сего́дня . . .	че́рез неде́лю.
Дава́йте встре́тимся . . .	по вто́рникам и пя́тницам.
Я обы́чно ложу́сь спать . . .	в сре́ду.
Сего́дня ма́ма разбуди́ла меня́ . . .	с девяти́ утра́ до семи́
Она́ хо́дит в бассе́йн . . .	ве́чера.
Врач принима́ет . . .	два́дцать тре́тье ноября́.
	в оди́ннадцать часо́в.

46. a. Identify (circle) the root in each of the words derived from it.
    b. Find the English equivalents.

—дён—, —ден— to clothe

одева́ть-оде́ть	to undress
одева́ться-оде́ться	clothes (*sing. only*)
раздева́ть-разде́ть	*intrans.* to get undressed, (to take off one's coat)
раздева́ться-разде́ться	*intrans.* to get dressed
надева́ть-наде́ть	to put on (*trans., only*)
оде́жда	cover, blanket
одея́ло	to dress

c. Translate the missing words:

1. Она́ . . . . . (dresses) дете́й, а пото́м . . . . . (gets dressed) сама́. 2. В э́том магази́не продаю́т краси́вую . . . . . (clothes). 3. Проходи́те, ... (take off your coat), бу́дьте как до́ма! Сади́тесь в э́то кре́сло, здесь вам бу́дет удо́бно. 4. . . . . . (Get dressed) скоре́е! Мы опа́здываем. 5. Я . . . . . (put on) шу́бу (fur coat) и тёплые сапоги́ (warm boots), потому́ что на у́лице бы́ло хо́лодно.

11 ▶ 47. Provide complete conjugations for the following verb stems:

принима́й–   прим҆–

infinitive		past tense
non-past	он	
я	мы	она́
ты	вы	оно́
он, она́, оно́	они́	они́
imperative		

48. Choose either the transitive or intransitive verb and insert it in the proper form: *(Stage I: XIII, 2.0-2.3)*

(умыва́ть-умы́ть, умыва́ться-умы́ться)
1. У́тром она́ . . . . . сама́ и . . . . . свою́ ма́ленькую сестру́.
2. Медсестра́ . . . . . больно́го.
3. Он проспа́л и да́же не успе́л . . . . . .

(одева́ть-оде́ть, одева́ться-оде́ться)
1. Та́ня помогла́ . . . . . мла́дшему бра́ту.
2. Мать . . . . . сы́на, ... сама́ и пошла́ с ним гуля́ть во двор.
3. Не на́до . . . . . ребёнка о́чень тепло́, потому́ что на у́лице не хо́лодно.
4. Сего́дня больно́й . . . . . сам.

(брить-побри́ть, бри́ться-побри́ться)
1. Он . . . . . ка́ждое у́тро.
2. В э́тот раз парикма́хер (barber) до́лго . . . . . меня́.
3. Сейча́с мо́дно . . . . . го́лову.
4. Сего́дня он спеши́л и бы́стро . . . . . .

(причёсывать-причеса́ть, причёсываться-причеса́ться)
1. У́тром О́льга не успе́ла . . . . . и заколо́ла полупричёсанные во́лосы. (tied back her half-combed hair)
2. Ста́ршая сестра́ лю́бит . . . . . мла́дшую сестру́.
3. Мне нра́вится твоя́ причёска (hairdo). Кто тебя́ . . . . . ?
4. Он всегда́ до́лго . . . . .

49. Next to each time slot, indicate what Olga does each day, choosing from the activities on the right.

6:30 утра́	выхо́дит из до́ма
7:00 утра́	ухо́дит с рабо́ты
7:15 утра́ ••••••••••	просыпа́ется и встаёт
7:30 утра́ ••••••••••••••	прихо́дит на рабо́ту
8:00 утра́	занима́ется в библиоте́ке
8:30 утра́	обе́дает
9:30 утра́	принима́ет душ, умыва́ется, причёсывается
с 10:00 – до 11:00 утра́	зака́нчивает рабо́ту
1:15 дня	за́втракает с му́жем, пьёт ко́фе
2:00 дня	прихо́дит домо́й
5:30 ве́чера	гото́вит за́втрак
6:30 ве́чера	бу́дит му́жа

50. Write a short essay describing your daily routine. Include the following activities, indicating the time when you do each activity: встава́ть, умыва́ться, принима́ть душ, чи́стить зу́бы, (бри́ться), причёсываться, одева́ться, за́втракать, выходи́ть из до́ма, е́хать в университе́т (на рабо́ту), приезжа́ть в университе́т (на рабо́ту), рабо́тать, занима́ться, идти́ в столо́вую, обе́дать, занима́ться (рабо́тать), уезжа́ть домо́й, гуля́ть, смотре́ть телеви́зор, чита́ть, раздева́ться, ложи́ться спать.

51. Find the antonyms:

молча́ть ••••••••••••••••••	раздева́ть
включи́ть •••••••••••••••••	говори́ть
зажига́ть	входи́ть
выходи́ть	вы́ключить
начина́ть	гаси́ть
одева́ть	погаси́ть
зажέчь	конча́ть
пла́кать	раздева́ться
поднима́ться	убира́ть (со стола́)
одева́ться	смея́ться
накрыва́ть (на стол)	спуска́ться
отдыха́ть	меша́ть
помога́ть	рабо́тать
забыва́ть	успева́ть
опа́здывать	вспомина́ть

12 ▶ 52. Translate into Russian:

Steve is a student at the University of Iowa (университе́т Айо́вы). Usually he gets up at 7:00. On Mondays, Wednesdays and Fridays, he has classes from 9:00 am until 1:00. He usually has lunch from 1:00 to 2:00. After lunch on Tuesdays and Thursdays he works as a mechanic in a garage. When he doesn't have classes at the University, he studies in the library or works in the computer center in the morning. The library opens at 9:00 and when Steve arrives at the university before 9:00, he usually goes to the computer center, which is open night and day (round the clock = круглосу́точно). On Saturday and Sunday Steve often goes to visit his girlfriend, who lives not far from the university. Twice a year (два ра́за в год), in the winter and in the spring, Steve goes to his parents in California.

53. Write a short essay describing your own work week. What do you do on Saturday and Sunday (выходны́е дни)? Do you go to visit your family (relatives) often? When?

Рабочая тетрадь

0 ► **1.** Provide complete conjugations of the following verbs: *(Appendix XI and Stage I: Analysis, V, 5.0)*

грусти́–, (ст ›щ)   нра́ви–ся,   вы́гляде–

infinitive		past tense
non-past		он
я	мы	она́
ты	вы	оно́
он, она́, оно́	они́	они́

imperative

2. a. Identify (circle) the root in each of the words derived from it.
   b. Find the English equivalents.

—ГЛЯД— look, glance

вы́глядеть	to stare at
Он пло́хо (хорошо́) вы́глядит.	look, glance (**На мой взгляд** . . . I think, in my view)
загля́дываться-загляде́ться	*(imp. only, intransitive)* to appear
взгля́д	visual (**нагля́дно** visually)
нагля́дный	He looks bad (good).

   c. Translate:

1. Она́ о́чень хорошо́ . . . . (looks) сего́дня.   2. Он смотре́л на меня́ удивлённым . . . . (glance).   3. . . . . (In my view) э́та шля́па ей идёт.   4. Преподава́тель показа́л э́то на доске́ . . . . (visually).

3. Match the antonyms:

ма́ленький	худо́й
дли́нный	у́зкий
широ́кий	коро́ткий
прямы́е (во́лосы)	плохо́й
похо́жий	кудря́вые (во́лосы)
высо́кий	све́тлый
тёмный	нелюби́мый
краси́вый	непохо́жий
люби́мый	плохо́й
то́лстый	невысо́кий
хоро́ший	све́тлый

4. Fill in the blanks, choosing from the following colors:

чёрный, бе́лый, кра́сный, жёлтый, зелёный, лило́вый, се́рый, си́ний, голубо́й, тёмный, све́тлый, ро́зовый
Мы живём в большо́м бе́лом до́ме.

1. Мой люби́мый цвет—. . . . .   2. У моего́ отца́ но́вая . . . . .маши́на.
3. Я купи́л . . . . . джи́нсы (jeans). 4. У Ли́нды . . . . . глаза́, а у её ма́мы . . . . . .
5. Де́ти собра́ли большо́й буке́т . . . . . ли́стьев. 6. В на́шем дворе́ большо́е . . . . .
де́рево (tree). 7. В э́том па́рке мно́го . . . . цвето́в (flowers).

1 ▶ 5. a. Identify (circle) the root in each of the words derived from it.
   b. Find the English equivalents.

—рост—, —раст— grow

рост	age
во́зраст	*adj.* adult
взро́слый	to grow (up)
взро́слый, -ое, -ая -ые	height
расти́-вы́расти	plant
расте́ние	*noun* an adult

   c. Learn the conjugation of the verb pair **расти́–вы́расти.** Note the stress in the perfective is fixed on the prefix **вы́–** .

Imperfective

non-past:		past tense:
я расту́	мы растём	он ро́с
ты растёшь	вы растёте	она́ росла́
он (она́, оно́) растёт	они́ расту́т	они́ росли́

imperative: расти́(те)!

Perfective

non-past:		past tense:
я вы́расту	мы вы́растем	он вы́рос
ты вы́растешь	вы вы́растете	она́ вы́росла
он (она́, оно́) вы́растет	они́ вы́растут	они́ вы́росли

imperative: вы́расти(те)!

   d. Translate:

1. К тебе́ заходи́л молодо́й челове́к высо́кого . . . . (height). 2. Я люблю́ .
. . . . . . (plants). 3. Ребёнок о́чень бы́стро . . . . (is growing). 4. Э́тот
фильм для . . . . (adults). 5. Все . . . . (adult) лю́ди э́то понима́ют.
6. Наш преподава́тель—челове́к сре́днего (middle) . . . . (age).

6. Provide complete declensions of the nouns во́лосы (АС), у́хо (А) pl. у́ши (С), зуб (АС), губа́ (ВС), глаз (АВ), нос (АВ) (prep. sg. в носу́). *(Appendix IX)*

7. Read the following descriptions of people, making lists of the adjectives and phrases used to describe each of the attributes listed here. (Note that when referring to hair color the adjectives седы́е (not се́рые) and ры́жие (not кра́сные) are used for gray and red, respectively.) **Вошёл челове́к, лет тридцати́ пяти́, высо́кого ро́ста, с прия́тным лицо́м, с си́ними глаза́ми, с широ́ким но́сом и краси́выми по́лными губа́ми.**

во́зраст	лет тридцати́ пяти́*
рост	высо́кого ро́ста
фигу́ра	
пле́чи	
лицо́	с прия́тным лицо́м
глаза́	с си́ними глаза́ми
нос	с широ́ким но́сом
гу́бы	с краси́выми по́лными губа́ми
зу́бы	
во́лосы	
борода́	
усы́	

---

*NOTE: Placing the number after the noun that is quantified renders an approximation. Thus, лет двадцати́ пяти́ = around/about 25 years old. We saw this in Unit 3 with time expressions, часо́в в оди́ннадцать = at about 11:00. Remember that if there is a preposition in the expression, it remains with the number.

1. В ко́мнате сиде́л стари́к с седо́й бородо́й, с ма́ленькими глаза́ми и смотре́л в мою́ сто́рону.
2. О Ната́ше все говори́ли, что она́ краса́вица. Всем нра́вился её прямо́й нос, ка́рие глаза́, ры́жие во́лосы, до́брое и весёлое лицо́.
3. Дли́нный нос, больши́е глаза́, кра́сные гу́бы, чёрные во́лосы, бе́лые ро́вные зу́бы, широ́кие пле́чи — всё в нём говори́ло о его́ гре́ческом происхожде́нии.
4. Моя́ подру́га о́чень краси́вая. У неё хоро́шая фигу́ра. Она́ высо́кая, стро́йная. У неё больши́е чёрные глаза́, кудря́вые во́лосы.
5. В сосе́дней кварти́ре жила́ Га́ля, по́лная, голубогла́зая, курно́сая. Она́ всегда́ была́ весёлая. Мне нра́вилось быва́ть у неё.
6. Спра́ва от Ди́мы сиде́ла высо́кая блонди́нка Ра́я Во́лкова. Э́то была́ споко́йная, серогла́зая де́вушка, са́мая ста́ршая на ку́рсе.
7. Посереди́не ко́мнаты стоя́л худо́й и стро́йный челове́к лет двадцати́ трёх. У него́ бы́ли больши́е беспоко́йные глаза́, прямо́й нос, чёрные усы́. Ря́дом с ним стоя́л мужчи́на лет сорока́, широкопле́чий, с у́зкими глаза́ми и седы́ми волоса́ми.

2 ▶

> Ли́нда вообще́ похо́жа на ма́му, но у неё тёмные глаза́, как у па́пы.
> Ря́дом стоя́ла симпати́чная де́вушка с дли́нными ры́жими волоса́ми.

8. Note that "X is similar to Y" in Russian is expressed by **похо́ж (похо́жа, похо́же, похо́жи) на + accusative.** Rephrase as in the model:

   Áня и брат похо́жи.
   Áня похо́жа на бра́та. Брат похо́ж на Áню.

   1. Ли́нда и её подру́га похо́жи.
   2. Брат и сестра́ похо́жи.
   3. Бори́с и Са́ша похо́жи.
   4. Ни́на и Вади́м похо́жи.
   5. Ива́н и Áнна похо́жи.
   6. Ви́ка и Джон похо́жи.

9. Disagree as in the model:

   — Áня похо́жа на бра́та.
   — Нет, она́ на него́ не похо́жа. Они́ не похо́жи друг на дру́га.

   1. Сын похо́ж на отца́.
   2. Дочь похо́жа на мать.
   3. Брат похо́ж на сестру́.
   4. Внук похо́ж на де́душку.
   5. Вну́чка похо́жа на ба́бушку.

10. Rephrase using synonymous constructions as in the model:

    Она́ была́ с голубы́ми глаза́ми, с тёмными волоса́ми.
    У неё бы́ли голубы́е глаза́, тёмные во́лосы.

    1. Мужчи́на был с у́мными глаза́ми.
    2. Ма́льчик был с ма́ленькими глаза́ми, с курно́сым но́сом.
    3. Ма́ма была́ с то́нкими рука́ми, с краси́выми дли́нными па́льцами. (па́лец finger)
    4. Сестра́ была́ с краси́выми по́лными губа́ми.
    5. Де́вочка была́ со све́тлыми волоса́ми, с тёмными глаза́ми.
    6. Стари́к был с седо́й бородо́й, с дли́нными седы́ми волоса́ми.
    7. Де́вушка была́ с больши́ми голубы́ми глаза́ми, с ры́жими волоса́ми.
    8. Де́вочка была́ с широ́кой улы́бкой, с ро́вными бе́лыми зуба́ми.

11. Replace the boldface items with synonymous constructions as in the model:

    Голубогла́зая де́вочка удивлённо смотре́ла на нас.
    Де́вочка с голубы́ми глаза́ми удивлённо смотре́ла на нас.

    1. Э́то был черноволо́сый челове́к высо́кого ро́ста.
    2. В ба́нке сиде́ла седоволо́сая же́нщина.
    3. Официа́нт был по́лный уса́тый челове́к.
    4. В ко́мнату вошёл рыжеволо́сый молодо́й челове́к.
    5. На дива́не сиде́л зеленогла́зый котёнок (kitten).

6. Широкопле́чий мужчи́на стоя́л передо мной в о́череди (in line).

7. Напро́тив меня́ стоя́л борода́тый стари́к.

8. Темногла́зый ма́льчик внима́тельно смотре́л на нас.

12. a. Translate into Russian: Family Portrait (Семе́йный портре́т)

This is a photograph of our family. In the middle (в середи́не) is grandmother (is sitting grandmother). She has gray hair, a round face and a very kind smile. The girl next to her with the long dark hair and big grey eyes is Olga. The tall man with the beard who is standing behind (стоя́ть за кем) Olga is Dima. He has brown eyes and curly short hair. The man in the glasses (в очка́х) with the black moustache is Viktor. He is Olga's father. Olga doesn't look like him. She looks like her mother. She has the same turned-up nose as her mother.

b. Describe a photograph of your family or friends.

13. Note that the following nouns are used only in the plural: **очки́, джи́нсы** (jeans), **брю́ки** (trousers, pants), **шо́рты** (shorts), **трусы́** (underwear). Provide the declensions in the plural for all of them. Provide the full declension for **цве́т** (AB). Note the plural nominative **цвета́**.

3 ▶ 14. You are going on a trip. What ten items will you take along? Compose word combinations , choosing from the two columns below, and add them to the list:

Я возьму́ с собо́й чёрное пла́тье и голубу́ю ку́ртку. А ещё я возьму́ . . . . .

чёрный	пла́тье (dress)
бе́лый	костю́м (suit)
зелёный	пальто́ (coat)
жёлтый	ку́ртка (jacket, like a windbreaker)
си́ний	пиджа́к (sports coat)
голубо́й	брю́ки (pants)
кра́сный	ю́бка (skirt)
се́рый	блу́зка (blouse)
лило́вый	джи́нсы (jeans)
кори́чневый	купа́льник (women's bathing suit)
ро́зовый	пла́вки (*pl. only,* men's swimming trunks)
полоса́тый (stripped)	шо́рты (shorts)
кле́тчатый (checkered)	сви́тер (sweater)
цветно́й (multi-colored)	ма́йка (tee-shirt)
я́ркий (bright, vivid)	хала́т (robe)
	ша́пка (hat)
	ке́пка (cap, like a baseball cap)
	сапоги́ (boots, *sg.* сапо́г)
	ту́фли (shoes, *sg.* ту́фля)
	кроссо́вки (sneakers, *sg.* кроссо́вка)

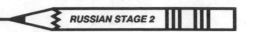

> Ко мне заходи́л челове́к высо́кий, стро́йный в се́ром сви́тере и джи́нсах.

15. Note that when we wish to describe what someone is wearing, we use **в** + prepositional case:

Insert the word in parentheses in the correct form using the preposition **в**.
1. По коридо́ру прошёл челове́к (кори́чневая ку́ртка).
2. Недалеко́ от меня́ стоя́ла де́вочка (ро́зовое пла́тье).
3. В банк вошёл мужчи́на (чёрное дли́нное пальто́).
4. Из воды́ вы́шла де́вушка (кра́сный купа́льник).
5. По стадио́ну бе́гали ма́льчики (спорти́вный костю́м).
6. По за́лу бы́стро прошёл челове́к (бе́лый хала́т).
7. К авто́бусной остано́вке подошла́ же́нщина (си́ний плащ).
8. В аудито́рию вошёл преподава́тель (се́рый костю́м).
9. Ря́дом стоя́л мужчи́на (тёмные очки́, чёрная шля́па).
10. Навстре́чу нам бежа́л молодо́й челове́к (кроссо́вки и джи́нсы).

16. We use **в** + accusative when we want to describe clothing as striped (**в поло́ску**), polka-dotted (**в горо́шек**) or checkered (**в кле́тку**).

Ли́нде о́чень идёт се́рый костю́м **в кле́тку**.
Мне нра́вится э́ти брю́ки **в поло́ску**.

Insert the words in parentheses in the correct form.

1. У неё есть но́вое пла́тье (кле́тка).   2. Э́то пальто́ (поло́ска) о́чень тёплое.
3. Он всегда́ хо́дит в э́тих брю́ках (кле́тка)   4. Ма́ма купи́ла до́чери краси́вое
пла́тье (горо́шек)   5. Мне совсе́м не нра́вится э́та ю́бка (кра́сный горо́шек)
6. Се́рый костю́м (кле́тка) всегда́ в мо́де.

4 ▶ 17. Compose sentences as in the model. Note, that the expression "that looks good on you" is rendered in Russian by **dative + verb идти́** (to agree with the article of clothing) + **article of clothing.** The article of clothing, color, etc. is in the nominative, the "wearer" is in the dative.

Ива́ну о́чень иду́т си́ние джи́нсы.
Ли́нде идёт э́та ро́зовая блу́зка.

Сестра́		э́ти брю́ки в поло́ску
Брат		э́тот пиджа́к в кле́тку
Оте́ц		э́тот си́ний плащ
Мать		э́та голуба́я руба́шка
Серге́й	идёт	э́то дли́нное пла́тье
Ива́н	иду́т	э́тот зелёный сви́тер
О́ля		э́тот га́лстук в горо́шек
Ко́ля		э́ти очки́
Мари́я		э́та кра́сная шля́па
На́стя		э́тот костю́м

18. Rewrite the sentences as in the model:

a. Она́ обы́чно но́сит очки́. **Она́ обы́чно хо́дит в очка́х.**

1. Ири́на обы́чно но́сит коро́ткие ю́бки.   2. А́нна никогда́ не но́сит брю́ки.
3. Джефф всегда́ но́сит спорти́вный костю́м.   4. Том никогда́ не но́сит га́лстук.

b. Мари́на лю́бит ходи́ть в дли́нных пла́тьях.   **Мари́на лю́бит носи́ть дли́нные пла́тья.**

1. Я люблю́ ходи́ть в кроссо́вках.   2. Он ча́сто хо́дит в чёрном костю́ме.
3. Наш профе́ссор никогда́ не хо́дит в джи́нсах.   4. Она́ всегда́ хо́дит в кра́сной ку́ртке.

19. Explain the meaning of the following word combinations in Russian as in the model:

рабо́чий костю́м = костю́м для рабо́ты
1. спорти́вный костю́м   2. доро́жное пла́тье
3. дома́шние ту́фли   4. вещево́й мешо́к

20. a. Note the following word combinations:

золото́е кольцо́ = кольцо́ из зо́лота (golden ring)
золото́й клён = жёлтый клён (yellow maple tree)
золото́е се́рдце = до́брое (хоро́шее се́рдце) (kind, good heart)

b. Give the meaning in Russian of the following word combinations:

золоты́е часы́ — часы́ из зо́лота

1. золото́й бра́слет   2. золоты́е ли́стья   3. золото́й муж
4. золота́я жена́   5. золото́й хара́ктер (temperament)   6. золото́й лес
7. золото́й ребёнок   8. золота́я цепо́чка (necklace, chain)

5 ▶   Мне нра́вится лило́вое пла́тье.   Оно́ мне сра́зу понра́вилось.

21. Insert the correct form of the verb **нра́виться-понра́виться**.

1. Ты мне сего́дня не . . . .   У тебя́ гру́стные глаза́.
2. Мне сра́зу . . . . твоё но́вое зелёное пла́тье.   Мне вообще́ . . . . э́тот цвет.
3. Мне . . . . и Джон и Са́ша.   Но я не зна́ю, кому́ из них я . . . .
4. Ему́ всегда́ . . . . блонди́нки с голубы́ми глаза́ми.   Но неда́вно он встре́тил одну́ брюне́тку, кото́рая ему́ о́чень . . . .
5. Ра́ньше мне не . . . . рок-му́зыка.   Но неда́вно мне подари́ли но́вую пласти́нку (record) с рок-му́зыкой, и она́ мне о́чень . . . .
6. Нам . . . . э́ти университе́тские ма́йки.

22. Provide full conjugations for the following verb stems:

бр/а̌—   взять (*irreg.*)   открыва́й–   откро́й

infinitive		past tense
non-past		он
я	мы	она́
ты	вы	оно́
он, она́, оно́	они́	они́

imperative

23. a.   Identify (circle) the root in each of the words derived from it.
     b.   Find the English equivalents.

—крый—(крой) cover	
закрыва́ть-закры́ть	to open, uncover, to discover
закры́тый	(*short form adj.*) opened
закры́т, -а, -о, -ы	can-opener
закры́тие	closed
открыва́ть-откры́ть	to close, cover
откры́тый	1) opening (of the Olympics, a theatre season, etc.); 2) discovery
откры́т, -а, -о, -ы	(*short form adj.*) closed
откры́тие	roof
открыва́лка	open (*fig.*) sincere
кры́ша	closing (of the Olympics, a theatre season, etc.)

     c.   Translate into Russian:

1. В ко́мнате жа́рко, на́до . . . . (open) окно́.   2. . . . . , (close), пожа́луйста, дверь.   3. Ты была́ и на . . . . (opening) и на . . . . (closing) ку́рсов?   4. Э́то о́чень ва́жное . . . . (discovery) шестна́дцатого ве́ка.   5. Мне нра́вятся кра́сные . . . . (roofs).   6. Переда́йте мне, пожа́луйста, ... (can-opener) я хо́чу . . . . (open) э́ту ба́нку.

24. Insert the correct form of the verb **нра́виться-понра́виться:**

1. Ему́ всегда́ . . . . блонди́нки. Но неда́вно ему́ . . . . одна́ брюне́тка. А ей всегда́ . . . . брюне́ты, но неда́вно ей . . . . оди́н блонди́н.   2. Мне сра́зу . . . . . наш но́вый преподава́тель.   3. Им всегда́ . . . . отдыха́ть на ю́ге. 4. —По-мо́ему, ты ему́ о́чень . . . . —Нет, я зна́ю, что я ему́ не . . . . Ему́ сра́зу . . . . Йра.   5. Наве́рное, ему́ . . . . . се́рый цвет. Он всегда́ но́сит се́рый костю́м.

25. Give the **imperfective aspect** of the following verbs:

–купи́ть	–подойти́	–зайти́	–наде́ть
–взять	–сде́лать	–откры́ть	–закры́ть
–включи́ть	–прие́хать	–рассказа́ть	–узна́ть
–спроси́ть			

6 ▶

Note the use of the imperfective in the following negative constructions:

1. After **не на́до, не ну́жно, не сле́дует** (ought not, need not), **не сто́ит, не при́нято** (it is not customary) the imperfective infinitive is obligatory and indicates the absence of necessity to perform a specific action.

Не на́до покупа́ть молоко́.

2. When the negative particle **не** stands directly before the infinitive and not before the word with which the infinitive is combined (such as the auxiliary verbs **реши́ть, обеща́ть, сове́товать, проси́ть, хоте́ть**), the imperfective infinitive indicates that such an action did not, will not, or should not take place.

Она́ реши́ла не покупа́ть молоко́.
Они́ попроси́ли не говори́ть об э́том.

26. Answer in the negative (pay attention to verbal aspect):

—Она́ реши́ла купи́ть э́ти ту́фли?
—**Нет, она́ реши́ла не покупа́ть э́ти ту́фли.**

1. Ли́нда реши́ла наде́ть си́ний костю́м в кле́тку?   2. Ма́ма реши́ла купи́ть сы́ну кроссо́вки?   3. Он реши́л взять с собо́й тёплое пальто́?   4. Са́ша реши́л купи́ть брю́ки в поло́ску?   5. Ната́ша реши́ла наде́ть дли́нное пла́тье?   6. Вы реши́ли сде́лать но́вую причёску (hairstyle)?   7. Та́ня реши́ла рассказа́ть ему́ об э́том?

27. Choose the correct infinitive:

Мари́на собрала́сь пое́хать на юг. Она́ никогда́ там не была́. Она́ реши́ла . . . . . . (покупа́ть-купи́ть) но́вый купа́льник, тёмные очки́ и но́вую су́мку. Её подру́га посове́товала ей не . . . . . . (покупа́ть-купи́ть) но́вую су́мку. Мари́на хоте́ла . . . . . (брать-взять) с собо́й мно́го тёплых веще́й. Но ма́ма посове́товала ей не . . . . . . (брать-взять) тёплые ве́щи. Снача́ла Мари́на реши́ла . . . . . . (лете́ть-полете́ть) на самолёте, но её друг Андре́й посове́товал ей не . . . .(лете́ть-полете́ть) на самолёте, потому́ что на по́езде интере́снее.

28. Provide full conjugations for the following verb stems:

покупа́й–   купи́–   гото́ви–, пригото́ви–

infinitive   past tense
non-past   он
я   мы   она́
ты   вы   оно́
он, она́, оно́   они́   они́

imperative

29. Rephrase as in the model, saying who needs to and who does not need to perform a given action.

У Наташи есть словарь. У Олега нет словаря.
Наташе не надо покупать словарь. Олегу надо купить словарь.

покупать-купить
1. У Антона есть плавки. У Серегея нет плавок.
2. У Лёны нет купальника. У Тани есть купальник.
3. У меня есть плащ. У него нет плаща.
4. У брата нет тёплой куртки. У меня есть тёплая куртка.

готовить-приготовить
1. У меня есть перевод. У Олега нет перевода.
2. У Светы нет текста доклада. У Миши есть текст доклада.
3. У Ольги есть график. У Саши нет графика.
4. У меня есть программа семинара. У неё нет программы семинара.

30. Continue as in the model, using the verbs in parentheses:

У меня уже готовы вещи. (собирать-собрать)
Мне не надо собирать вещи. Я уже собрала.

1. У мамы готов обед. (готовить-приготовить).
2. У Павла готов перевод текста. (переводить-перевести)
3. У Нины готово домашнее задание. (писать-написать)
4. У нас уже готовы программы. (составлять-составить)
5. У меня готова работа. (делать-сделать)

7 ▶

> Наташа сказала мне, что ко мне заходил молодой человек.

31. There is a special group of verbs in Russian, the action of which can be annulled in the past tense. Therefore, in the past tense, the imperfective is used to indicate that the result of the action is no longer in effect at the time of the utterance, ie. it has been reversed or annulled. The use of the perfective in the past tense indicates that the result of the action is still in effect at the time of the utterance. Included in this group are the following verbs:

открывать–открыть, закрывать–закрыть, брать–взять, оставлять–оставить; включать–включить, выключать–выключить; отдавать–отдать; надевать–надеть

Утром я открыла окно. I opened the window this morning (it is still open).
Утром я открывала окно. I opened the window this morning (it is now shut).

and prefixed verbs of motion:

уходи́ть–уйти́; уезжа́ть–уе́хать; приходи́ть–прийти́, приезжа́ть–прие́хать; уноси́ть–унести́, увози́ть–увезти́; приноси́ть–принести́, привози́ть–привезти́, заходи́ть–зайти́

Он уходи́л в магази́н.   He went to the store (but is home now).

Он ушёл в магази́н.   He went to the store (and is still gone).

Insert the correct form of the verb:

1. — Я тебе́ звони́ла, но тебя́ не́ было до́ма.
   — Да, я . . . . (уходи́ла–ушла́) в магази́н.
2. — Ты мо́жешь со мной говори́ть?
   — Нет, не могу́. Ко мне . . . . . (приходи́ли–пришли́) дру́зья. Позвони́ через час.
3. — Я звони́ла на про́шлой неде́ле, и никто́ не подходи́л к телефо́ну.
   — Я . . . . . (уезжа́ла–уе́хала) в Бо́стон, и прие́хала то́лько сего́дня у́тром.
4. — Ты не зна́ешь, где Бори́с? Я давно́ его́ не ви́дела.
   — Он . . . . . (уезжа́л–уе́хал) на неде́лю в Со́чи.
5. — Приве́т, Бори́с! Я давно́ тебя́ не ви́дела.
   — Я . . . . . (уезжа́л–уе́хал) на неде́лю в Со́чи.
6. — Отку́да у тебя́ э́тот журна́л?
   — Я . . . . . (брал–взял) его́ у Ива́на.
7. — Э́то твой видеомагнитофо́н? Я ра́ньше его́ не ви́дел.
   — Он у меня́ давно́, но я . . . . . . (отдава́л–отда́л) его́ Андре́ю, и он то́лько вчера́ его́ . . . . . . (приноси́л–принёс).
8. — Ещё светло́. Заче́м вы . . . . (включа́ли–включи́ли) свет.

> Мне **само́й** ну́жно пойти́ в магази́н.

32. Review the full declensions for **сам, сама́, само́, са́ми.** *(See Рабо́чая тетра́дь, Уро́к 3, упр. 34.)*

Remember that this pronoun always agrees with the noun or pronoun it emphasizes. In impersonal constructions, the pronoun is in the dative case (**самому́, само́й, сами́м**) to agree with the logical subject.

Insert the correct form of **сам, сама́, само́, са́ми**

1. Ребёнок . . . . одева́ется. Ему́ давно́ пора́ . . . . одева́ться.
2. О́ля . . . . пригото́вила обе́д. Ма́мы не́ бы́ло до́ма, и О́ле . . . . на́до бы́ло пригото́вить обе́д.
3. Мы . . . . всегда́ покупа́ем хлеб в э́том магази́не. Нам . . . . на́до купи́ть хлеб.
4. Де́ти обы́чно . . . . раздева́ются пе́ред сном. Им . . . . пора́ раздева́ться.
5. Я . . . . позвоню́ ему́. Мне . . . . на́до позвони́ть ему́.
6. —Ты . . . . сде́лала э́то? —Да, мне . . . . на́до бы́ло э́то сде́лать.

8 ▶ 33. a. Translate into Russian:

Last night the brother of my friend Andrei called. Andrei and I met when I was in Moscow. Andrei's brother, Sergei, just flew in from Moscow. He brought me a letter from Andrei. Sergei and I agreed to meet tonight near the subway.

Now I am standing (стоя́ть) near the entrance to the subway, and I'm a little worried. How will I know him? There goes a young man in jeans and and a blue shirt. Sergei told me that he would be in (will be wearing) jeans and a blue shirt. Maybe that's him. But he is walking past me. A tall brunette is standing not far from the entrance to the subway. He is also wearing jeans and a blue shirt. I walk up to him and ask "Are you Sergei?" He looks at me and doesn't understand. And there is a young man hurrying by, a brunette, of average height, in jeans and a blue shirt. I know that he is Sergei because he is looks a lot like Andrei.

b. Now write the conversation that took place between Sergei and the author of the above. Begin — **Вы не Серге́й?**

9 ▶ 34. Fill in the missing parts of the dialogues:

1. — Попроси́те, пожа́луйста, Серге́я.
   — . . . .
   — Меня́ зову́т Ка́трин. У меня́ для вас письмо́ от То́ма.
   — . . . .
   — Как вам переда́ть его́?
   — . . . .
   — Да, ве́чером я свобо́дна.
   — . . . .
   — А как мы узна́ем друг дру́га?
   — . . . .

2. — Ты не зна́ешь, кто э́та де́вушка?
   — . . . .
   — Сейча́с была́ здесь симпати́чная де́вушка с дли́нными волоса́ми.
   — . . . .
   — Нет, в чёрном пальто́.
   — . . . .

3. — Анто́н, каки́е брю́ки тебе́ нра́вятся, в кле́тку и́ли в поло́ску?
   — . . . .
   — Да, мне самому́ они́ нра́вятся.
   — . . . .
   — Я их и куплю́.

4. — Тама́ра, я ви́дела тебя́ вчера́ с молоды́м челове́ком. Э́то твой друг?
   — . . . .
   — Брюне́т, лет двадцати́, сре́днего ро́ста.
   — . . . .
   — Да, он мне понра́вился.

35. Continue the dialogues (4-6 lines):

1. — Зи́на, ты о́чень хорошо́ вы́глядишь сего́дня.
. . . .

2. — Я тебя́ вчера́ ви́дел(а) с де́вушкой.
. . . .

3. — Како́й га́лстук тебе́ бо́льше нра́вится.
. . . .

4. — Ва́ня, ты мо́жешь встре́тить сего́дня мою́ сестру́?
. . . .

10 ▶ 36. Provide the full declension for лицо́ (BA), and ше́я (AA) (Appendix IX).

37. a. Identify (circle) the root in each of the words derived from it.
b. Find the English equivalents.

—прос— ask, quest–

проси́ть-попроси́ть	to ask
про́сьба	question
спра́шивать-спроси́ть	to make a request
вопро́с	interrogative
вопроси́тельный	request

Note that **спра́шивать-спроси́ть** always means to ask a question in the sense of asking for information, whereas **проси́ть-попроси́ть** always means to make a request for someone to do something. Note that the verb **спра́шивать–спроси́ть** is not used with **вопро́с** as a direct object. The specific expression for "to ask a question" is **задава́ть–зада́ть вопро́с.**

c. Provide complete conjugations for the following verb stems:

проси̋– попроси̋; спра́шивай– спроси̋–

infinitive   past tense
non-past   он
я   мы   она́
ты   вы   оно́
он, она́, оно́   они́   они́

imperative

d. Insert the proper form of the verb **спра́шивать-спроси́ть** or **проси́ть-попроси́ть.**

1. Я . . . . у прохо́жего, где ближа́йщая ста́нция метро́.
2. Брат . . . . меня́ купи́ть ему́ га́лстук.
3. Я . . . . (future) их сде́лать э́ту рабо́ту.
4. Ма́ма . . . . Влади́мира сходи́ть к но́вым сосе́дям, и . . . . когда́ они́ мо́гут прийти́.
5. Я не зна́ю, когда́ магази́н открыва́ется. . . . . (imperative) у Ната́ши.

6. Он . . . . (present tense), когда́ бу́дет контро́льная.

7. . . . . (imperative) его́ принести́ мне мою́ су́мку.

8. Она́ . . . . помо́чь ей пригото́вить у́жин.

9. Он . . . . меня́, ско́лько сейча́с вре́мени.

10. Серге́й . . . . нас встре́тить его́ дру́га.

11. Зинаи́да до́ма? — . . . . я.

12. Вы тепе́рь за́няты? — . . . . она́.

13. Зи́на . . . . Влади́мира заходи́ть ча́ще.

14. Я . . . . моего́ дру́га познако́мить меня́ с его́ сестро́й.

38. a. Identify (circle) the root in each of the words derived from it.
    b. Find the English equivalents.

   —ВИД— see

вид	1. visible, 2. prominent
ви́деть-уви́деть	to predict, to foresee
ви́дный	*(short form adjective)* visible
ви́ден, видна́, видно́, видны́	apparently
ви́димо	to see
предви́деть	witness
свиде́тель	1. appearance (вне́шний вид personal appearance),
	2. view (на го́род, на мо́ре)

   c. Translate:

   1. Он . . . . (prominent) учёный. 2. Мне ничего́ не . . . . (visible) отсю́да. 3. Он . . . . (witness), что я не винова́т (guilty).
   4. Он . . . . . . (saw) её вчера́ в саду́. 5. Я . . . . . . (see), что ты уже́ большо́й. 6. Отту́да о́чень краси́вый . . . . (view) на го́род. 7. Она́ всё понима́ет, она́ всё . . . . . . (sees). 8. . . . . (Apparently) они́ не приду́т, уже́ о́чень по́здно.

11 ▶ 39. a. Separate the following nouns into two groups: 1) words which indicate a person's physical appearance, and 2) words which indicate articles of clothing and personal belongings:
   ру́ки, боти́нки, спина́, пла́тье, голова́, глаза́, га́лстук, ше́я, па́лец, у́ши, улы́бка, во́лосы, лицо́, пле́чи

   b. Find in the text «Пе́рвая любо́вь» the nouns in A. Write out the adjectives used to describe these nouns, if there aren't any, make up your own.

   c. Compose sentences with the word combinations from b.

12 ▶ 40. Write a composition (of at least one page) describing a person whom you admire or are close to. It may be a relative, a friend, a famous personality, or your "ideal person." Be sure to include a thorough description of the person's appearance, as well as the clothing that you think best suits him or her. You can use combinations from ex. 39.

Рабочая тетрадь

0 ▶ 1. Provide complete conjugations for the following verb stems:
(Appendix XI)

плати̏– стóи– дари̏–

infinitive		past tense
non-past		он
я	мы	онá
ты	вы	онó
он, онá, онó	они́	они́

imperative

2. a. Identify (circle) the root in each of the words derived from it.
b. Find the English equivalents.

— дат— (— дай —) give

дава́ть-дать	to ask (pose) a question
задава́ть-зада́ть	to take-to pass exam
задава́ть-зада́ть вопро́с	to teach
зада́ние	to return, give back
издава́ть-изда́ть	to sell
изда́тельство	assignment (дома́шнее зада́ние homework)
отдава́ть-отда́ть	to assign
передава́ть-переда́ть	to be sold
переда́ча	salesman, saleswoman
преподава́ть	to give
преподава́тель	publisher
продава́ть-прода́ть	to pass on, convey
продава́ться-прода́ться	change (money)
продаве́ц, продавщи́ца	teacher
прода́жа	program (radio, tv, etc.)
сдава́ть-сдать	to hand in (work, etc.)
сдава́ть-сдать э́кзамен	to publish
сда́ча	sale (Сего́дня в прода́же большо́й ассортиме́нт све́жей ры́бы. There is a large selection of fresh fish for sale today.)

   c.   Assign the words above to one of the following categories:

   Кто?   Что?   Что де́лать?
                                                        Что сде́лать?

   d.   Now say who does what:

   писа́тель пи́шет
   преподава́тель . . . .; изда́тель . . . .; продаве́ц. . . . .;
   продавщи́ца . . . .;

3. a.   Identify (circle) the root in each of the words derived from it.
    b.   Find the English equivalents.

        —дар— (—дай—) give
        дари́ть-подари́ть что́ кому́   to thank
        пода́рок   gifted, talented
        благодари́ть-поблагодари́ть кого́ за что́ to give (a gift)
            благода́рность *f.*   lacking talent, talentless, undistinguished
        одарённый   gratitude
        безда́рный   gift

    c.   1. Мы . . . . (gave) цветы́ преподава́телю.   2. Он о́чень . . . .
         (gifted) челове́к, он уме́ет всё де́лать сам.   3. На Рождество́ у нас обы́чно
         . . . . (give) . . . . (gifts) друг дру́гу.   4. Она́ . . . .
         (thanked) его́ за . . . . (gift).

4. a.   Identify (circle) the root in each of the words derived from it.
    b.   Find the English equivalents.

        —вер— believe
        ве́ра   faithfulness, loyalty
        ве́рить-пове́рить кому́-чему́   true, faithful, trusted (ве́рный друг = trusted, faithful friend)
        ве́рить-пове́рить в кого́-во что́   probable
            ве́рующий   probably, most likely
        ве́рный   faith
        ве́рность *f.*   believer, person who believes in God
        вероя́тный   to believe something (is true)
        наве́рное   to believe in something (ве́рить в Бо́га = to believe
                                                   in God, ве́рить в судьбу́ = to believe in Faith)

    c.   Translate:

         1. Она́ . . . . (believed) ка́ждому его́ сло́ву. 2. Я не . . . .
         (believe) тебе́.   3. Челове́к, кото́рый . . . . (believes) в Бо́га . . . . . .
         . . . (believer).   4. . . . . (Probably) он мне позвони́т сего́дня ве́чером.
         7. Он . . . . (believes) всему́, что ему́ говоря́т.

5. Provide complete declensions of the nouns **цена́** (CA), **вода́** (CA), **ру́бль** (BB), **копе́йка** (AA) *(Appendix IX)*

1 ▶ 6. Below is a list of stores. Where can each of the following items be found? Write the name of each item next to the store or department where it might be sold. *(Refer to Unit 5 vocabulary.)*

оде́жда, кни́га, сувени́ры, ма́рки и конве́рты, шля́па, матрёшка, духи́, шкату́лка, цветы́, сигаре́ты, часы́, игру́шки, пласти́нка, га́лстук, альбо́м по иску́сству, плака́ты, плато́к, подно́с, ткань, о́бувь

магази́н «Цветы́»

Универма́г
    отде́л «О́бувь»
    отде́л «Тка́ни»
    отде́л «Оде́жда»
    отде́л «Галантере́я»

магази́н «Ру́сские сувени́ры»

магази́н «Мело́дия»

магази́н «Часы́»

«Де́тский мир»

«Дом кни́ги»

Парфюме́рия

По́чта

кио́ск «Таба́к»

7. Where can the following items be found? Assign each of them to one of the departments listed below. *(Refer to Unit 5 vocabulary.)*

сыр, селёдка, мя́со, ры́ба, чёрный хлеб, о́вощи, шампа́нское, гру́ши, бе́лый хлеб, торт, колбаса́, чай, молоко́, шокола́д, бе́лое вино́, помидо́ры, ко́фе, фру́кты, огурцы́, кра́сное вино́, конфе́ты, я́блоки, пиро́жные, зе́лень, икра́, смета́на, ма́сло

Отде́л «Фру́кты-О́вощи»

Конди́терский отде́л

Ры́бный отде́л

Мясно́й отде́л

Ви́нный отде́л

Моло́чный отде́л

Хле́бный отде́л

Бакале́йный отде́л

8. a. Identify (circle) the root in each of the words derived from it.
    b. Find the English equivalents.

—**цен**— price, value

цена́	evaluate, estimate, appreciate
це́нность *f.*	priceless
це́нный	value (also used in the plural in expressions such as челове́ческие це́нности = human values)
бесце́нный	grade, evaluation
оце́нивать-оцени́ть	valuable *adj.*
оце́нка	valuable (jewelry, gold, etc.)
драгоце́нность *f.*	cost, price (госуда́рственные це́ны = government prices, i.e., fixed & свобо́дные це́ны = free prices, ie. not controlled by the state)

c. Translate into Russian:

1. В э́том магази́не о́чень высо́кие . . . . (costs) на оде́жду. 2. Они́ получи́ли хоро́шие . . . . (grades) за контро́льную рабо́ту. 3. Мы . . . . (judge, evaluate) рабо́ту по результа́там. 5. У мое́й ма́мы есть стари́нные . . . . (valuables). 6. Я получи́ла от него́ . . . . (priceless) пода́рок.

2 ▶

> Там продаю́тся ёлочные игру́шки, сувени́ры, нового́дние коро́бки конфе́т, продаю́т и ёлки.

(See Stage I: IX 2.0 for a review of the "indefinite-personal construction" of the type **Там продаю́т ста́рые кни́ги.**   And *Stage I: XIII, 2.0-2.3* for a review of the reflexive particle **-ся.** The passive meaning of verbs with **-ся** is included in this unit.)

9. a. Rephrase according to the model:
    Remember that the passive in Russian can be rendered 1) by the third-person plural form of the verb without the subject being explicitly stated plus the accusative case; 2) by the nominative case and a reflexive verb.

    Здесь продаю́т мужску́ю оде́жду.
    Здесь продаётся мужска́я оде́жда.

    1. Магази́н открыва́ют в во́семь часо́в. 2. Библиоте́ку закрыва́ют в де́сять часо́в. 3. Там стро́ят но́вый магази́н. 4. В э́том магази́не продаю́т кра́сную икру́. 5. Кио́ск сего́дня закро́ют ра́ньше, чем обы́чно. 6. В э́том магази́не сего́дня начина́ют большу́ю распрода́жу (sale) о́буви. 7. За́втра зака́нчивают распрода́жу де́тских игру́шек.

    b. **В магази́не «Ната́ша» продаётся же́нская оде́жда.**
    В магази́не «Ната́ша» продаю́т же́нскую оде́жду.

    1. В на́шем райо́не стро́ится но́вая шко́ла. 2. Библиоте́ка сего́дня закро́ется в шесть часо́в. 3. В э́той конди́терской продаю́тся вку́сные пиро́жные. 4. На

пе́рвом ку́рсе изуча́ется ру́сская литерату́ра. 5. В э́том кинотеа́тре демон-
стри́руются но́вые фи́льмы. 6. Обы́чно собра́ния ру́сского клу́ба проводя́тся
по пя́тницам. 7. На ка́федре ка́ждый год организу́ются конфере́нции. 8. Ско́ро
здесь откро́ется но́вая ста́нция метро́. 9. Сейча́с по телеви́зору передаю́тся
после́дние изве́стия. 10. В э́той шко́ле не преподаётся ру́сский язы́к.

10. Review the formation and use of the second-person imperative (*Stage I: VII: 2.0-2.3*).
Provide the **imperative** forms for the following verbs (The verb stems are given in
parentheses):

дава́ть (дава́й-), дать (irreg), пока́зывать (пока́зывай-), показа́ть (показа́-);
зака́зывать (зака́зывай), заказа́ть (заказа́-); смотре́ть (смотре́-), посмотре́ть
(посмотре́-); брать (бр/а́-), взять (irreg.); покупа́ть (покупа́й), купи́ть (купи́-);
сове́товать (сове́това-), посове́товать (посове́това-), дари́ть (дари́-), подари́ть
(подари́-); выбира́ть (выбира́й-), вы́брать (вы́бр/а); плати́ть (плати́-), заплати́ть
(заплати́-); налива́ть (налива́й-), нали́ть (нал/ль/й); объясня́ть (объясня́й-), объясни́ть
(объясни́-); завора́чивать (завора́чивай), заверну́ть (заверну́-); помога́ть (помога́й),
помо́чь (irreg.), пить (пь/й), вы́пить (вы́пь/й-)

11. Insert one of the imperative forms from ex. 10.

1. . . . ., пожа́луйста, э́ту кни́гу. 2. . . . . э́тот фи́льм, он
о́чень интере́сный. 3. На день рожде́ния . . . . ей духи́. 4. Кни́га
сто́ит 52 рубля́. . . . . де́ньги в ка́ссу.   5. Ты идёшь на по́чту?
. . . . мне, пожа́луйста, ма́рки и конве́рты. 6. Я не зна́ю, что мне
купи́ть подру́ге. . . . ., что мне купи́ть. 7. Вы идёте в кино́?
. . . . меня́ с собо́й (take me with you).

3 ▶ 12. a. Identify (circle) the root in each of the words derived from it.
  b. Find the English equivalents.

—**плат**— pay

плати́ть-заплати́ть за что́ кому́ (or куда́- плати́ть в ка́ссу, в банк)	(за́работная пла́та = пла́та за рабо́ту (salary, paycheck)
пла́тный	free of charge *adv.*
беспла́тный	to pay someone for something
беспла́тно *adv.*	free of charge *adj.*
зарпла́та	requiring pay (пла́тная стоя́нка = pay parking lot)

  c. Translate:

1. Я . . . . (will pay) сама́. 2. Пое́дем туда́, там . . . . (free) стоя́нка.
А здесь на́до . . . . (pay). 3. Мы живём от . . . . (paycheck) до
. . . . (paycheck). 4. Е́сли вы рабо́таете в университе́те, вы мо́жете
учи́ться . . . . (free of charge).

13. a. Identify (circle) the root in each of the words derived from it.
   b. Find the English equivalents.

—**вет**— say, speak

сове́товать-посове́товать кому́ что	to answer
сове́т	greetings!, Hi!
приве́тствовать кого́-что	to give advice
приве́т	responsible
отвеча́ть-отве́тить кому́	to greet
отве́т	advice, council
отве́тственный	irresponsible
безотве́тственный	answer

   c. Translate:

1. . . . . (Advise) мне, что купи́ть в пода́рок Андре́ю. 2. Он дал мне хоро́ший . . . . (advice). 3. Она́ не . . . . (answered) на мой вопро́с. 4. . . . . (Answer – **imperative**) поскоре́е на его́ письмо́. 5. С ним пло́хо рабо́тать, он тако́й . . . . (irresponsible). 6. «. . . . . » (Hi), —сказа́ла она́ и побежа́ла да́льше.

14. Continue as in the model, giving advice or requesting that a certain action be performed: (In the following questions, note that the use of **не + perfective verb** indicates that the speaker expects that the person s/he is asking has already performed the given action.)

Вы не **купи́ли** э́ту пласти́нку? **Купи́те** её.

1. Вы не **показа́ли** ему́ шля́пу?
2. Ты не **подари́л** ей цветы́?
3. Вы не **вы́брали** альбо́м?
4. Вы не **заплати́ли** за духи́?
5. Ты не **посмотре́ла** э́ту вы́ставку?
6. Вы не **сказа́ли** ему́ об э́том?
7. Вы не **записа́ли** мой но́мер телефо́на?
8. Ты не **позвони́л** Рома́ну?

Я ду́мала, что ста́рые кни́ги деше́вле, чем но́вые.

15. Review the formation and use of comparatives in *Stage I: XV:1.0-1.4.* Provide the Adverb and Simple Comparative of the following adjectives:

Positive Degree	Adverb	Simple Comparative
краси́вый	краси́во	краси́вее
све́жий		
вку́сный		
весёлый		
бы́стрый		
ме́дленный		

Positive Degree	Adverb	Simple Comparative
све́тлый		
тёмный		
интере́сный		
тру́дный		
ва́жный		
дорого́й		
гро́мкий		
ти́хий		
бога́тый		
дешёвый		
бли́зкий		
далёкий		
сла́дкий		
хоро́ший		
плохо́й		
ма́ленький*	ма́ло	ме́ньше
большо́й*	мно́го	бо́льше

4 ▶ 16. Provide the full declension for the following nouns: **дверь** (f., AC), **у́гол** (fleeting "o", BB, prep. **в углу́** = in the corner, **на углу́** = on the corner) *(Appendix IX)*

17. Insert the missing comparatives, formed from the adjectives in bold face.

a. 1. Э́то моро́женое **вку́сное**, но то ещё. . . . . 2. Э́тот дом **дорого́й**, но тот ещё. . . . . . . 3. Моя́ маши́на **больша́я**, но его́ ещё . . . . . . 4. Его́ кварти́ра **ма́ленькая**, но её ещё . . . . 5. Э́та ры́ба **све́жая**, но та ещё . . . . 6. Э́тот костю́м **дешёвый**, но тот ещё . . . . 7. Наш райо́н **ти́хий**, но ваш ещё . . . . 8. Э́тот парк **краси́вый**, но тот ещё . . . . 9. Э́та библиоте́ка **хоро́шая**, но та ещё . . . . 10. Э́ти гру́ши **сла́дкие**, но те ещё . . . .

b. 1. Джон хорошо́ говори́т по-ру́сски, но Фред говори́т ещё . . . . 2. Я чита́ю ме́дленно, но ты чита́ешь ещё . . . . 3. Он перево́дит бы́стро, но она́ перево́дит ещё . . . . 4. Они́ говоря́т гро́мко, но мы говори́м ещё . . . . 5. Анна поёт хорошо́, но Та́ня поёт ещё . . . . 6. В э́том райо́не дом сто́ит до́рого, но в том райо́не дом сто́ит ещё . . . . 7. На э́том ры́нке о́вощи стоя́т дёшево, но на том о́вощи стоя́т ещё . . . . 8. Том танцу́ет краси́во, но Серге́й танцу́ет ещё . . . . 9. Си́нди говори́т мно́го, но Андре́й говори́т ещё . . . . 10. И́нга ку́рит ма́ло, а Ве́ня ку́рит ещё . . . .

18. Match the two halves of the sentences: Note that the same form, ie., simple comparative, is used as an adjective and as an adverb.

1. Джон танцу́ет хорошо́, . . .   но ва́ша лу́чше.
2. Бе́лое вино́ вку́сное,   но та вы́ше.
3. Дома́ в э́том райо́не дороги́е,   но та дли́ннее.
4. Чёрный па́вловский плато́к   но моя́ сестра́ печа́тает ещё быстре́е.
   о́чень краси́вый,   но Билл танцу́ет ещё лу́чше.
5. На́ша маши́на хоро́шая,   но оте́ц гото́вит вкусне́е.
6. Пе́рсики о́чень сла́дкие,   но кра́сное вкусне́е.
7. Э́тот ры́нок большо́й,   но в том райо́не доро́же.
8. Э́та ёлка высо́кая,   но бе́лый ещё краси́вее.
9. Ба́бушка хо́дит ме́дленно,   но те пе́рсики ещё сла́ще.
10. Ма́ма о́чень вку́сно гото́вит,   но тот бо́льше.
11. Э́то дли́нная доро́га,   но де́душка хо́дит ещё ме́дленнее.
12. Я печа́таю бы́стро,

NOTE: Only the simple comparative is included in this lesson, and it can be used **only** in a predicative position. Recall that in addition to the simple comparative, there exists a compound comparative that is formed by the use of the indeclinable **бо́лее** and **ме́нее +** the positive degree of the adjective, which remains declinable. The compound comparative is the only one possible when the comparative is joined directly to the noun it modifies (ie. is used attributively). *(Stage I: Unit XV, 1.0-1.4)*

Ма́ша купи́ла **бо́лее дешёвую** маши́ну.
На ве́чер она́ оде́ла **бо́лее дли́нное** пла́тье.

5 ▶ **19.** When making a request or giving a command, the imperfective infinitive is used when the speaker wishes to focus on **how** the action should be carried out.

Clarify your request as in the model, indicating *how* you would like the action to be performed and using the words **ме́дленнее, внима́тельнее, аккура́тнее, быстре́е, гро́мче, подро́бнее.**

Напиши́те э́то упражне́ние. (Что́ сде́лать?) То́лько **пиши́те аккура́тнее.** (Как э́то де́лать?)

1. Расскажи́те о свое́й пое́здке. . . . . .. 2. Послу́шайте э́ту плёнку (tape). . . . . ..
3. Прочита́йте э́ту статью́. . . . . . 4. Прочита́йте предложе́ние вслух (aloud). . . . . ..
5. Напиши́те письмо́ домо́й. . . . . .. 6. Сде́лайте дома́шнее зада́ние. . . . . ..

20. When giving general advice to do something regularly, the imperfective imperative is used. Change the sentences (which request an action to be performed a single time) so that the

meaning of general advice is rendered. Use **ка́ждый день, по вечера́м, по воскресе́ньям, ча́ще, всегда́ ......**

Позвони́ ему́ и **узна́й**, как он себя́ чу́вствует.
Звони́ ему́ по вечера́м и **узнава́й**, как он себя́ чу́вствует.

1. **Купи́** молоко́. 2. **Наде́нь** э́то пла́тье. 3. **Отдохни́, погуля́й** пе́ред сном. 4. **Напиши́** ба́бушке письмо́. 5. **Подари́** ей цветы́. 6. **Возьми́** для до́чери кни́гу в библиоте́ке. 7. **Купи́** де́тям мандари́ны. 8. **Вы́пей** ликёр по́сле у́жина. 9. **Пригото́вь** нам вку́сный обе́д. 10. **Покажи́** сы́ну, как рабо́тать на компью́тере. 11. **Помоги́** де́тям де́лать дома́шнее зада́ние.

21. When making a request, giving advice or a command for a single action to take place, the perfective imperative is used. If the action is not begun and we wish to prompt the beginning of the action or hurry along the beginning of the action, then the imperfective is used after the original (perfective) command.

Заплати́ за кни́ги. **Подожди́,** а де́ньги у тебя́ есть? Есть. Ну, **иди́, плати́.** Pay for the books. Wait a minute, do you have any money? You do. Well, **go ahead** and pay.

a. Complete the sentences, using the imperfective imperative to prompt the beginning of the action.

Расскажи́, что бы́ло пото́м. Почему́ ты замолча́л(а)? ..... .**Расска́зывай.** (Tell me what happened next. Why are you silent? Go ahead, tell me (begin)).

1. **Закро́й,** пожа́луйста, дверь. Нет, подожди́, я, ка́жется, забы́ла де́ньги. Взяла́. . . . .
2. **Прочита́йте** текст вслух. То́лько снача́ла посмотри́те перево́д но́вых слов. Посмотре́ли? Тепе́рь. . . . .
3. **Запиши́** его́ телефо́н. Ты взял(а́) ру́чку? Тепе́рь . . . .
4. **Нале́й** молоко́ в стака́н. Подожди́, я посмотрю́, чи́стый ли он. Да, чи́стый. . . . .

b. Supply answers to the questions according to the model using imperatives.

— Мо́жно **войти́?**
— **Войди́те.** Почему́ вы не вхо́дите? **Входи́те, входи́те.**

1. —Мо́жно **откры́ть** окно́? —. . . . . Почему́ вы не открыва́ете? . . . . 2. —Мо́жно **закры́ть** дверь? —. . . . . Почему́ вы не закрыва́ете? . . . . 3. —Мо́жно взять ваш слова́рь? —. . . . . Почему́ вы не берёте? . . . . 4. —Мо́жно посмотре́ть, что вы де́лаете? —. . . . . Почему́ вы не смо́трите? . . . .
5. —Мо́жно взять конфе́ту? — . . . . . .Почему́ вы не берёте? . . . . .
6. —Мо́жно нали́ть вино́? —. . . . . Почему́ вы не налива́ете? . . . . .

6 ▶ | Этот набор о́чень дорого́й, не покупа́й его́.

22. Note: As a rule, when making a request not to perform a given action, we use **не +** imperfective imperative. *(Stage I: VII, 2.3)*

Rephrase as in the model replacing **не на́до +** verb with a negative imperative:
Не на́до покупа́ть э́тот набо́р. **Не покупа́йте э́тот набо́р.**

1. Не на́до ходи́ть в магази́н. 2. Не на́до заходи́ть в э́тот магази́н. 3. Не на́до плати́ть за э́тот биле́т. 4. Не на́до говори́ть ему́ об э́том. 5. Не на́до покупа́ть э́тот слова́рь. 6. Не на́до отвеча́ть на его́ вопро́сы. 7. Не на́до открыва́ть окно́. 8. Не на́до закрыва́ть дверь. 9. Не на́до помога́ть ему́ де́лать дома́шнее зада́ние. 10. Не на́до гуля́ть по́здно ве́чером. 11. Не на́до завора́чивать э́ти поку́пки. 12. Не на́до спра́шивать её об э́том. 13. Не на́до звони́ть ему́ сего́дня ве́чером. 14. Не на́до забыва́ть ста́рых друзе́й. 15. Не на́до пока́зывать ему́ пода́рок до Рождества́.

23. Respond as in the model, advising or requesting that the given action not be performed:

купи́ть э́тот набо́р из хохломы́
— **Я хочу́ купи́ть** э́тот набо́р из хохломы́.
— **Не покупа́йте.**

1. пойти́ в магази́н 2. закры́ть окно́ 3. откры́ть дверь 4. спроси́ть его́ об э́том 5. помо́чь тебе́ вы́брать пода́рок 6. купи́ть вино́ 7. заверну́ть пода́рок 8. подари́ть часы́ 9. пригото́вить обе́д 10. показа́ть ему́ ва́шу фотогра́фию 11. сказа́ть ей о встре́че 12. рассказа́ть о пое́здке

24. Match the two parts of the sentence and combine them with the conjunction **потому́ что:**

Не закрыва́й дверь, потому́ что сейча́с придёт ба́бушка.

1. Не расска́зывай ему́ об э́том,	они́ должны́ са́ми э́то сде́лать.
2. Не покупа́й э́ту матрёшку,	мы сего́дня пойдём в рестора́н.
3. Не ходи́ сейча́с в магази́н,	я не хочу́ говори́ть об э́том.
4. Не говори́ ей об э́том,	он э́то уже́ зна́ет.
5. Не пока́зывай ей но́вое пла́тье,	на у́лице о́чень хо́лодно.
6. Не помога́й де́тям,	она́ о́чень дорога́я.
7. Не гото́вь обе́д,	магази́н уже́ закры́т.
8. Не плати́ за шокола́д,	она́ мо́жет оби́деться.
9. Не открыва́й окно́,	она́ бу́дет зави́довать (envy).
10. Не спра́шивай меня́ об э́том,	я сама́ заплачу́.

25. Note: The perfective imperative is used after **не** to warn someone from inadvertently doing something that will yield an undesirable result. The perfective imperative after **не** signifies danger or a strong admonition. For example:

1. Your roommate has an exam, and s/he's going to bed very late. You're afraid s/he'll oversleep. **Не проспи!**
2. Your friend has just arrived and your roommate is sleeping. You want to warn your friend not to wake up your roommate. **Не разбуди!**
3. Your friend is always late. You're supposed to meet and you're afraid s/he will be late. **Не опоздай!**
4. Your roommate always forgets his/her keys. You won't be home later to let him/her in, so you warn him/her **Не забудь ключи!**
5. You are afraid that your friend will tell a third friend about something you don't want that person to know (such as you did something without that third friend). You can warn that friend not to tell by saying **Не расскажи!**

> Но в дверях магазина было так много людей, что нельзя было войти.

26. Нельзя + a perfective infinitive indicates that a given action is impossible (**невозможно**). Rephrase as in the model using **нельзя**:

На улице так много машин, что **невозможно перейти** улицу.
На улице так много машин, что **нельзя перейти** улицу.

1. У дверей так много людей, что в этот магазин невозможно войти. 2. У меня нет ключа, в комнату невозможно войти. 3. В этом магазине нет новых книг. Здесь невозможно купить новые книги. 4. На этой стоянке нет свободных мест. Невозможно поставить машину. 5. У меня всего десять рублей. На эти деньги невозможно купить подарок. 6. Телефон не работает. Невозможно позвонить. 7. Тут такой маленький ассортимент, невозможно выбрать.

27. Нельзя + an imperfective infinitive indicates that a given action is prohibited (**не разрешается**) or unadvisable (**не надо**). (*Stage I: X, 2.12*)

Rephrase according to the model using **нельзя**:

Здесь **не разрешается переходить** улицу.
Здесь **нельзя переходить** улицу.

1. Дверь магазина открыта, но сейчас там перерыв, и не разрешается входить.
2. В лингафонном кабинете сейчас идёт запись (recording is in progress), и не разрешается туда входить. 3. Если вы не живёте в этом доме, здесь не разрешается ставить машину. 4. Уже очень поздно, не надо ему звонить.
5. Здесь не разрешается курить. 6. Когда холодно, не надо открывать окно.

7 ▶ 28. Match the two halves of the sentence and combine them with **потому́ что.**

Нельзя́ откры́ть дверь, потому́ что у меня́ нет ключа́.

1. Нельзя́ открыва́ть дверь,	здесь нет перехо́да.
2. Нельзя́ войти́ в ко́мнату,	я ещё их не мы́ла.
3. Нельзя́ говори́ть гро́мко,	телефо́н не рабо́тает.
4. Нельзя́ дава́ть де́тям мно́го конфе́т,	там сейча́с собра́ние.
5. Нельзя́ перейти́ у́лицу,	я забы́ла ключи́.
6. Нельзя́ переходи́ть у́лицу,	там сейча́с экза́мен.
7. Нельзя́ позвони́ть,	э́та не на́ша стоя́нка.
8. Нельзя́ брать э́тот слова́рь,	есть мно́го сла́дкого вре́дно.
9. Нельзя́ здесь оставля́ть маши́ну,	маши́ны е́дут одна́ за друго́й.
10. Нельзя́ есть э́ти фру́кты,	(one after another)
	он мне ну́жен.

29. Review the "double negation rule" in *Stage I: XIV, 4.0.* Recall that negated adverbs (**нигде́, никогда́, никуда́, ниотку́да**) and pronouns (**никто́, ничто́, никако́й, ниче́й**) formed by adding the prefix **ни-** are obligatory with negated verbs. If a negated pronoun is the object of a preposition, the preposition is placed between **ни** and the pronoun. Compare the following English and Russian sentences.

Никто́ не зна́ет, где э́тот магази́н.	No one knows where that store is.
Я **ничего́** не купи́ла.	I didn't buy anything.
Мы **никуда́** не ходи́ли.	We didn't go anywhere.

If a negative pronoun is the object of a preposition, then the preposition is placed between the **ни-** and the pronoun:

Ни у кого́ не́ было де́нег.	No one had any money.
Я **ни о ко́м** не забы́ла, когда́	I didn't forget anyone when I was
я покупа́ла пода́рки.	buying presents.
Он **ни с ке́м** не говори́л об э́том.	He didn't talk to anyone about that.

Note that as a general rule, these negative pronouns and adverbs are placed **before** the negated verb.

30. Negate the sentences as in the model:

Она́ всё зна́ет. Она́ **ничего́** не зна́ет.

1. Я всё забы́ла. 2. Мы **всем** звони́ли. 3. Мы **обо всём** узна́ли. 4. **Я во всём** винова́т (guilty, to blame for everything). 5. Мы всё купи́ли. 6. Он дру́жит (is friends) **со все́ми.** 7. Они́ **везде́** бы́ли. 8. Мы всем дари́ли цветы́. 9. Мы **у все́х** спра́шивали, где ры́нок. 10. **Все** пришли́ во́время. 11. **Всем** бы́ло ве́село. 12. **Везде́** ему́ нра́вится.

31. Write a second sentence as in the model, indicating total negation by using the negative pronouns and adverbs formed from **ничто́** and **никто́**.

Я не купи́л(а) **матрёшку**. Я **ничего́** не купи́ла.
Я не ходи́л(а) **в э́тот магази́н**. Я **никуда́** не ходи́ла.
Я не ви́дел(а) **О́льгу**. Я **никого́** не ви́дел(а).

1. Мы не говори́ли **об э́том**. 2. Он не говори́л **с Са́шей**. 3. Мы не ду́мали **о нём**. 4. Я не брал **ваш слова́рь**. 5. Там не́ было **чёрной икры́**. 6. Я не пойду́ сего́дня ве́чером **в магази́н**. 7. Я не звони́ла **Оле́гу**. 8. Мы не зна́ем, когда́ он придёт. 9. Мы не́ были **у Ири́ны**. 10. Я вчера́ не ходи́ла **на ры́нок**.

8 ▶ **32.** Translate the dialogues:

    a.   — How much money do you have?
        — Ten roubles.
        — And you want to buy a gift?
        — Yes.
        — For ten roubles (на + accus.) it's impossible to buy anything. Everything is a lot more expensive.
    b.   — Don't buy that box of candies. It is expensive and those candies are not very good (tasty).
        — Then what should I buy?
        — Buy a cake.
        — What kind, chocolate?
        — No, a fruit one. You can buy a really good (tasty) fruit cake at the Bakery across the street.

33. Translate into Russian:

I went shopping today ("walked around stores") because I have to buy presents for my mother, father, brother, sister and friends. I bought my mother a pretty shawl in the "Russian Souvenir" store. It cost 1252 rubles. I bought my brother posters in the book store. They were not very expensive—they cost 10 rubles 48 kopeks. For a long time I couldn't decide what to buy for my father, but finally I decided to buy a red tie. I wanted to buy my sister a box from Palekh (па́лехская шкату́лка), but the boxes were all very expensive, and the salesperson advised me to buy her a nesting doll. I think that they will like these presents.

9 ▶ **34.** Provide full conjugations for the following verb stems:

зака́зывай-   заказа́-   сове́това-

infinitive   past tense
non-past   он
я   мы   она́
ты   вы   оно́
он, она́, оно́   они́   они́

imperative

35. Insert the missing parts of the dialogues.

1. — Мóжно посмотрéть э́ту пласти́нку?
   — . . . .
   — Нет, вон ту, слéва.
   — . . . .
   — Скóлько онá стóит?
   — . . . .

2. — Посовéтуйте, пожáлуйста, чтó лýчше подари́ть?
   — . . . .
   — Духи́? Они́ дороги́е?
   — . . . .
   — Нет, э́то óчень дóрого.
   — . . . .
   — Хорошó, я э́то возьмý.

3. — Как ты дýмаешь, мне идёт э́тот костю́м?
   — . . . .
   — Да, я тóже дýмаю, что чёрный лýчше.
   — . . . .
   — Да, я егó куплю́.

4. — Давáй кýпим торт.
   — . . . .
   — Мне кáжется, лýчше шоколáдный.
   — . . . .
   — Не знáю, сейчáс посмóтрим, скóлько он стóит. . . . Он стóит óчень дóрого.
   — . . . .
   — Хорошó, кýпим фруктóвый.

36. Continue the dialogues (4-6 lines):

1. — Бýдьте добры́, покажи́те, пожáлуйста, э́тот платóк.
   . . . .
2. — Вы не скáжете, когдá открывáется э́тот магази́н?
   . . . .
3. — Извини́те, где здесь мóжно купи́ть сувени́ры?
   . . . .
4. — Пойдём в магази́н. Мнс нýжно купи́ть подáрок.
   . . . .
5. (на ры́нке)
   — Скóлько стóят э́ти я́блоки?
   . . . .

10 ▶ 37. a. Identify (circle) the root in each of the words derived from it.

b. Find the English equivalents.

—ЯВ— show, manifest

яви́ться-появи́ться	to declare
явле́ние	declaration, application
появле́ние	phenomenon
объявля́ть-объяви́ть	announcement, advertisement
объявле́ние	to announce, advertise
заявля́ть-заяви́ть	to appear
заявле́ние	appearance

c. Translate:

1. В Торгси́не на Смоле́нском ры́нке . . . . (appeared) дли́нный граждани́н в кле́тчатом костю́ме. 2. Коро́вьев . . . . (announced): «Прекра́сный магази́н! О́чень, о́чень хоро́ший магази́н!» 3. На стене́ магази́на висе́ло . . . . (announcement): «Сего́дня в прода́же большо́й ассортиме́нт све́жей ры́бы.»

38. Find the necessary information in the reading text from **"Ма́стер и Маргари́та"** to complete the following sentences with the subject. Briefly describe each "person," i.e., appearance and clothing.

На Смоле́нском ры́нке появи́лся . . . . . .
На Смоле́нском ры́нке появи́лся дли́нный граждани́н в кле́тчатом костю́ме.

1. Из-за плеча́ дли́нного граждани́на выгля́дывал . . . . .
2. У ры́бного прила́вка стоя́л . . . . . .
3. Э́того сире́невого клие́нта обслу́живал . . . . .
4. К ме́сту де́йствия спеши́л . . . . . .

39. Find in the text items for sale in the store **Торгси́н.** Say where you can buy each item: **Тка́ни мо́жно купи́ть в отде́ле «Тка́ни».**

11 ▶ 40. Find in the text and make a list of all the phrases and word combinations which refer to the following items that appear in the text:

две́ри:

магази́н:

тка́ни:

отде́л:

сельдь:

41. Translate into Russian:

On Tverskaya Street in Moscow and on Nevskij Prospect in Petersburg there are two stores which are called «Елисéевский». Grigorij Eliseev opened these stores in the beginning of the twentieth century. These stores are very beautiful. In them there are high mirrors (зéркало), wonderful counters, many different departments. There is a bakery department, a meat department, dairy, seafood, a department of fruits and vegetables, a wine department. The very best and freshest things are always for sale (are always sold) in these stores. In the seafood department one can buy black and red caviar, a large assortment of herring, white and red fish. In the bakery department one can buy good (tasty) pastries, chocolate and pretty boxes of candy. There is also a Elevseevsk store in Kiev. These stores are the most famous stores in Russia.

12 ▶ 42. Write a brief composition:

Tell about your plans for the holidays. What presents do you want to buy for whom? In which stores will you buy them? Will you go shopping alone or with someone? Do you like to shop alone or with someone? Do you have to buy a lot of presents or just a few? Will you buy expensive or inexpensive things? What kind of presents are usually exchanged in your family? What kind of gifts would you like to receive this year? . . .

Рабочая тетрадь 6

На полу́ лежи́т большо́й ковёр
Он положи́л моде́ль на́ пол.

0 ▶ 1. Memorize the following intransitive verbs and their corresponding transitive verbs. (The intransitive verbs indicate the position or place of the subject in space. The transitive verbs signify that the given action is performed by the subject to the object in order to place it in space.)

Intransitive Verbs
Где? (в, на + prep.)

стоя́ть to be standing
в ко́мнате, в углу́
на полу́, на столе́. . . .

лежа́ть to be in a lying position
в портфе́ле,
в карма́не (pocket),
на по́лке, на столе́. . .

висе́ть to be hanging
в шкафу́, на стене́,
на потолке́. . . .

сиде́ть to be in a sitting position
в кре́сле, на дива́не,
на сту́ле, на скаме́йке,
на полу́, за столо́м. . .

Ла́мпа стои́т на столе́.
Газе́ты лежа́т на по́лке.
Карти́на висе́ла на стене́.
Го́сти сидя́т за столо́м.

Transitive Verbs
Куда́? (в, на + accus.)

ста́вить-поста́вить
to place in a standing
position
в ко́мнату, в у́гол,
на́ пол, на сто́л. . .

класть-положи́ть
to place in a lying position
в портфе́ль, в карма́н,
на по́лку, на сто́л. . .

ве́шать-пове́сить
to hang up
в шка́ф, на сте́ну,
на потоло́к

сажа́ть-посади́ть
to seat someone
в кре́сло, на дива́н,
на сту́л, на скаме́йку,
на́ пол, за сто́л. . .

Я ста́влю ла́мпу на стол.
Он всегда́ кладёт газе́ты на по́лку.
Она́ пове́сила карти́ну на сте́ну.
Хозя́йка посади́ла госте́й за сто́л.

2. Provide complete conjugations for the verbs in 1. The stems are given below: *(Appendix XI)*

стоя́- (-жа- stem)   лежа́-   висе́-   сиде́-
ста́ви-   положи́- клад-́   ве́шай- пове́си-   сажа́й- посади́-
(past tense stress is кла́л, кла́ла, кла́ли)

infinitive		past tense
non-past		он
я	мы	она́
ты	вы	оно́
он, она́, оно́	они́	они́

imperative

3. Insert the nouns in parentheses in the proper case. Recall the use of the cases after numbers: 1+ nom. sg.; 2, 3, 4 + gen. sg.; 5 and above + gen. pl. *(See Stage I: Unit VIII, 2.0-2.15.)*

a. В кварти́ре бы́ло четы́ре (ко́мната). В одно́й ко́мнате стоя́л стол, шесть (стул), два (кре́сло), три (по́лка) с кни́гами. На сте́нах висе́ло мно́го (карти́на). В де́тской ко́мнате бы́ло три (окно́). На стене́ висе́ли три (карти́на). На полу́ лежа́ло мно́го (игру́шка). У стены́ стоя́ли два (шкаф). На ку́хне висе́ли четы́ре (по́лка).

b. В адито́рии стоя́ло двена́дцать (стол) и два́дцать три (стул). Не́сколько (плака́т) висе́ло на стене́. В углу́ у окна́ стоя́ло три (по́лка).

Note the agreement of the verbs with numbers. With **оди́н, одна́, одно́** the verb agrees and is in the singular, third-person. With any other number, 2, 3, 4, 5, etc., the verb may be either in the third-person plural, or in the third-person singular neuter. With **мно́го** or **не́сколько** only the third-person neuter singular is possible.

1 ▶ 4. Read Linda's diary entry for January 26 and make a list of all the phrases which include the verbs: **стоя́ть, ста́вить-поста́вить; лежа́ть, класть-положи́ть; висе́ть, ве́шать-пове́сить; сиде́ть, сажа́ть-посади́ть.**

5. Insert the correct form of the verb **стоя́ть, лежа́ть, висе́ть, сиде́ть:**

a. В ко́мнате Бори́са и Ири́ны . . . . большо́й широ́кий дива́н, пи́сьменный стол и по́лки с кни́гами. На пи́сьменном столе́ . . . . краси́вая стари́нная ла́мпа.

b. На полу́ . . . игру́шки. Посреди́не ко́мнаты . . . . ковёр (carpet).

c. В ко́мнате Мари́и Серге́евны на стене́ . . . . карти́ны. В де́тской ко́мнате на потолке́ . . . . моде́ли самолётов. В ко́мнате Ната́ши на стене́ . . . . фотогра́фия Ко́ли.

d. В кре́сле . . . . ма́ма Йры. Го́сти . . . . за столо́м. В па́рке на скаме́йке . . . . реда́ктор и поэ́т.

6. Which of the nouns can complete each of the sentences below.

a. В шкафу́ виси́т(вися́т). . .   В шкафу́ лежи́т(лежа́т). . .
пла́тье, ножи́, пальто́, ви́лки, костю́м, хлеб, ло́жки, коро́бка конфе́т, брю́ки

b. На столе́ лежи́т(лежа́т) . . .   На столе́ стои́т(стоя́т). . .
таре́лка, стака́ны, ва́за, салфе́тки, кни́га, ви́лка, буты́лка, торт, пироги́, ры́ба,
ча́йник (teapot)

c. В холоди́льнике лежи́т (лежа́т). . . В холоди́льнике стои́т (стоя́т). . .
мя́со, буты́лка молока́, ры́ба, капу́ста, грибы́, буты́лка вина́, торт, шампа́нское,
ма́сло, сыр, сала́т, сок, я́йца, котле́ты

d. В ко́мнате стои́т. . .   В ко́мнате лежи́т. . .   В ко́мнате виси́т. . .
дива́н, ла́мпа, пи́сьменный стол, кре́сло, ковёр, телеви́зор, сту́л, карти́на,
фотогра́фия, шкаф, по́лка, компью́тер, плака́т, моде́ль самолёта

7. Fill in appropriate objects in the correct form:

1. Я пове́сила . . . . . в шкаф. 2. Мы положи́ли . . . . в шкаф. 3. Хозя́йка
поста́вила . . . . . . на стол. 4. Хозя́йка положи́ла . . . . . на стол. 4. Она́
поста́вила . . . . . в холоди́льник. 5. Она́ положи́ла. . . . в холоди́льник.

2 ▶ 8. Answer the questions in full sentences, using the words in parentheses:

Где лежи́т газе́та?   (пи́сьменный стол)
Куда́ вы положи́ли газе́ту?

Газе́та лежи́т на пи́сьменном столе́. Я положи́л(а) газе́ту на пи́сьменный стол.

1. Где стои́т блю́до с пирога́ми?   (пра́здничный стол)
    Куда́ хозя́йка поста́вила блю́до с пирога́ми?

2. Где лежи́т ма́сло?   (холоди́льник)
    Куда́ ты положи́ла ма́сло?

3. Куда́ вы ве́шаете пальто́?   (стенно́й шкаф)
    Где виси́т пальто́?

4. Куда́ ты положи́л ча́йные ло́жки?   (ве́рхняя по́лка)
    Где лежа́т ча́йные ло́жки?

5. Где стоя́т цветы́?   (больша́я краси́вая ва́за)
    Куда́ вы поста́вили цветы́?

9. Pose questions that would produce the following answers:

    ...? Где стоя́т цветы́?
    Цветы́ стоя́т в большо́й краси́вой ва́зе.

    1. . . . ? Я поста́вила цветы́ в большу́ю краси́вую ва́зу. 2. . . . ? Ви́лки лежа́т в шкафу́. 3. . . . ? Он положи́л ви́лки в шкаф. 4. . . . ? Фотогра́фия виси́т на стене́. 5. . . . ? Она́ пове́сила фотогра́фию на сте́ну. 6. . . . ? Пи́во стои́т в холоди́льнике. 7. . . . ? Мы поста́вили пи́во в холоди́льник.

10. Insert the missing verb in the correct form:

    Где стои́т ла́мпа? Ла́мпа стои́т на столе́.
    Куда́ вы обы́чно ста́вите ла́мпу? Обы́чно я ста́влю ла́мпу на сто́л.
    Куда́ вы поста́вили ла́мпу вчера́? Я поста́вил(а) ла́мпу на окно́.

    a. **стоя́ть, ста́вить-поста́вить**
       Где . . . . . кни́ги? Кни́ги . . . . . на столе́. Куда́ вы обы́чно . . . . . кни́ги? Обы́чно я . . . . . кни́ги . . . . . . Куда́ вы . . . . . э́ту кни́гу вчера́? Я . . . . . кни́гу в шка́ф.

    b. **лежа́ть, класть-положи́ть**
       Где . . . . . хлеб? Хлеб . . . . . на по́лке. Куда́ вы обы́чно . . . . . хлеб? Обы́чно я . . . . . хлеб . . . . . . Куда́ вы вчера́ . . . . . хлеб? Я . . . . . хлеб в холоди́льник (refrigerator).

    c. **висе́ть, ве́шать-повеси́ть**
       Где . . . . . пальто́? Пальто́ . . . . . в шкафу́. Куда́ вы обы́чно . . . . пальто́? Обы́чно я . . . . . . пальто́ . . . . Куда́ вы вчера́ . . . . пальто́? Я . . . . . пальто́ на сту́л.

    d. **сиде́ть, сажа́ть-посади́ть**
       Где . . . . . . ребёнок? Ребёнок . . . . . . в де́тском кре́сле. Куда́ вы обы́чно . . . . . . ребёнка? Обы́чно я . . . . . . ребёнка. . . . . Куда́ вы сейча́с . . . . . ребёнка. Я . . . . . . ребёнка в коля́ску (carriage).

11. Provide full declensions of **стол** (ВВ) and **стул** (АА) *(pl. сту́лья, see Stage I: Appendix IV).*

    a. Insert the correct form of the word **стол** or **стул:**

       В гости́ной стоя́л пра́здничный . . . . Вокру́г . . . . стоя́ли . . . . . . На . . . . . . стоя́ли ра́зные заку́ски: сала́ты, ры́ба, солёные грибы́, ква́шеная капу́ста. На блю́де лежа́ли пироги́. Блю́до с пирога́ми стоя́ло посреди́не . . . . Ири́на пригласи́ла госте́й се́сть за . . . . И вот го́сти сидя́т за . . . . . . Но оди́н гость стои́т, потому́ что госте́й пятна́дцать челове́к, а . . . . всего́ четы́рнадцать. Бори́с принёс ещё оди́н . . . . из ку́хни.

3 ▶ **12.** Provide the full conjugation for the following verb stems:

пробова-   есть–съесть (*irreg.*)   пь́/й (пить)

infinitive		past tense
non-past		он
я	мы	она́
ты	вы	оно́
он, она́, оно́	они́	они́

imperative

13. a. Identify (circle) the root in each of the words derived from it.
   b. Find the English equivalents.

—**кус**— bite

вкус	piece
вку́сный	tasty, good, flavorful
(вку́сно)	(tasty)
невку́сный	taste
(невку́сно)	snack-bar
кусо́к	
(кусо́к хле́ба, пирога́)	
заку́сывать–закуси́ть	hors-d'oeuvre, appetizers
заку́ска	to have a bite to eat, snack
заку́сочная	not good, tasteless (not good)

   c. Assign the words above to the following categories:

Что?   Что де́лать?   Како́й?   Как?
             Что сде́лать?

14. a. Put the word in parentheses in the correct case (Recall the rules for cases after numbers, see 3. above):

Стол был накры́т на четы́ре (прибо́р -settings): на столе́ лежа́ло четы́ре (ви́лка), четы́ре (нож), четы́ре (ло́жка), стоя́ло четы́ре (таре́лка), и четы́ре (стака́н).

   b. Now continue:

   1. Стол был накры́т на пять (прибо́р): . . . . .
   2. Стол был накры́т на оди́н (прибо́р): . . .

15. Describe your room. What (and where) is lying, standing, hanging, etc.?

> Пироги́ с мя́со́м, пироги́ с капу́стой, пироги́ с гриба́ми.

Note: The preposition **с** + instrumental can be used as part of a definition much the same as in English: **Пироги́ с мя́сом, буты́лка с пи́вом, га́мбургер с сы́ром, торт с кре́мом.** However, when we wish to indicate the *instrument* or *agent* by which an action occurs, we use the instrumental **without** the preposition **с: писать ру́чкой, карандашо́м, ме́лом.**

16. Rewrite the sentences to include the words in parentheses:

Я люблю́ ко́фе (молоко́). **Я люблю́ ко́фе с молоко́м.**

1. У́тром я ем хлеб (ма́сло, сыр). 2. Переда́йте, пожа́луйста, пироги́ (капу́ста).
3. На второ́е (second course) я возьму́ ры́бу (рис). 4. Попро́буйте пиро́г (грибы́).
5. Хоти́те котле́ты (карто́шка)?   6. Закажи́те мне на пе́рвое бульо́н (пирожо́к).
7. Ты хо́чешь бутербро́д (колбаса́)?

4 ▶ 17. Pose questions that would produce the following statements:

. . . .? **С чем э́ти пироги́?**
Э́ти пироги́ с мя́сом.
. . . . ? **Чем едя́т в кита́йском рестора́не?**
В кита́йском рестора́не едя́т па́лочками.

1. . . . ? Я ем борщ **со смета́ной.** 2. . . . ? Я чи́щу зу́бы **зубно́й па́стой.**
3. . . . ? Я пью ко́фе **с молоко́м.** 4. . . . ? Она́ пи́шет в тетра́ди **карандашо́м.**
5. . . . ? Преподава́тель исправля́ет оши́бки (correct mistakes) **кра́сной ру́чкой.**
6. . . . ? Я бу́ду есть макаро́ны **с сы́ром.** 7. . . . ? Э́тот торт **с кре́мом.** 8. . . . ?
Э́то буты́лка **с пи́вом.**

> Пото́м Ири́на принесла́ ещё **каки́е-то** горя́чие блю́да.
> Ли́нда, тебе́ **что́-нибудь** нали́ть?

18. *See Stage I: Analysis Unit XV 2.0-2.2* for a full discussion of the indefinite particles **-то** and **-нибудь.** Note the particle **-нибудь** is often used in interrogative sentences or statements intended to prompt an action. It is used to refer to a person, thing, etc. toward which the speaker is indifferent, *any*thing at all, *any*one, etc. The particle **-то** is used when the speaker is referring to a concrete person, thing, etc. that is actually known but for some reason the speaker chooses not to name him/her/it, *some*one, *some*thing, etc. (The exact name may be unknown to the speaker, or forgotten or for some reason unimportant in the context).

Analyze the following examples from Linda's diary.
В рука́х у него́ была́ **кака́я-то** игру́шка.
Пото́м бы́ли ещё **каки́е-то** други́е горя́чие блю́да.

Кто́-то ушёл спо́рить на ку́хню, кто́-то оста́лся за столо́м.
Сади́сь куда́-нибудь.
Ли́нда, тебе́ что́-нибудь нали́ть?

Fill in the blanks with a pronoun or adverb with either -то or -нибудь.
1. —Дай мне, пожа́луйста, . . . пое́сть, я о́чень хочу́ есть. —Возьми́, там . . . .
лежи́т в холоди́льнике. 2. Я спроси́л, не звони́л ли мне . . . . . ., когда́ меня́ не́
было до́ма. Ма́ма сказа́ла, что . . . . звони́л, но не назва́л себя́. 3. —Дай мне . .
. . . почита́ть. —Там на столе́ лежи́т . . . . . кни́га. Мо́жешь её взять. 4. —Ко
мне . . . . . . приходи́л? —Да, ... па́рень (young man), но я его́ не зна́ю.
5. —Вы е́здили . . . . . на про́шлой неде́ле? —Да, ...е́здили, но я уже́ не по́мню
куда́. 6. —Она́ . . . . тебе́ рассказа́ла об э́том? —Да, она́ . . . .расска́зывала, но
я забы́ла что. 7. —Вы . . . . е́ли уже́ сего́дня у́тром? —Да, . . . мы е́ли.
8. —У нас есть . . . . на обе́д? —Да, сестра́ . . . . уже́ пригото́вила. 9. —Вам . .
. . . ну́жно купи́ть в гастроно́ме? —Да, ... мне бы́ло ну́жно, по я нс могу́
вспо́мнить что. 10. —Дай мне, пожа́луйста, ... попи́ть. —Посмотри́ на ку́хне,
там . . . . стои́т. 11. —Там стуча́т (knocking). Откро́йте . . . . . дверь. —. . . . .
уже́ пошёл открыва́ть. 12. —Ты не зна́ешь, он . . . . купи́л в пода́рок Ири́не? —
Да, он мне сказа́л, что он . . . . . . купи́л, но я не зна́ю что. 13. —Ма́ма . . . . .
испекла́? —Да, она́ . . . . . испекла́, но я не зна́ю что.

19. a. Identify (circle) the root in each of the words derived from it.
    b. Find the English equivalents.

—гост— guest

гость	living room
(ходи́ть в го́сти)	hospitable
гости́ная	to treat (please help yourself)
гости́ница	hotel
угоща́ть, угости́ть	hospitality
(угоща́йтесь, пожа́луйста!)	
гостеприи́мство	guest (to go visiting)
гостеприи́мный	

c. Assign the words above to the following categories:

Кто?	Что?	Что́ де́лать? Что́ сде́лать?	Како́й?

d. Translate:

1. Я люблю́ _____ (to go visiting) и люблю́, когда́ _____ (guests)
прихо́дят ко мне. 2. Спаси́бо за _____ (hospitality), мне бы́ло о́чень
прия́тно у вас. 3. _____ (Please help yourselves.) Э́тот сала́т с ры́бой
о́чень вку́сный. 4. В _____ (living room) был накры́т пра́здничный стол.

20. a. Provide the full declension of **гость** and **го́сти** (AC). Memorize: **быть в гостя́х, ходи́ть (прийти́) в го́сти.**

b. Insert the correct form of the plural **го́сти:**

1. К нам пришли́ . . . . 2. У нас да́вно не́ было . . . . 3. Мы бы́ли ра́ды (кому́). . . . . 4. Мы угоща́ли (кого́) . . . . вку́сными пирога́ми. 5. Вме́сте с на́шими . . . . мы пошли́ в парк. 6. Пото́м мы до́лго говори́ли о на́ших. . . . .

5 ►

> Пусть Бори́с пока́жет тебе́ кварти́ру.
> Дава́йте пить вино́.
> Дава́йте вы́пьем за здоро́вье И́ры!

21. Provide complete conjugations for the following verb stems:

сади́—ся   сесть *(irreg.)*

infinitive		past tense
non-past		он
я	мы	она́
ты	вы	оно́
он, она́, оно́	они́	они́

imperative

22. a. Note the first-person inclusive imperative (Let's. . .), an invitation to carry out an action together, is formed in Russian by using **Дава́й(те) + an imperfective infinitive,** or **Дава́й(те) + the first-person plural form of a perfective verb.** The third-person imperative *(Let Sergei do it)* is formed in Russian by placing **пусть** (or **пуска́й,** colloquial) before the subject plus **the third person non-past form of the verb.** (For a review of first- and third-person imperatives, *see Stage I: Analysis XII, 5.0 and XIV, 2.0.*)

b. Respond as in the model:

— Бу́дем есть моро́женое?
— Да, дава́йте есть моро́женое.

1. Бу́дем пить кра́сное вино́? 2. Бу́дем гото́вить обе́д? 3. Бу́дем танцева́ть? 4. Бу́дем смотре́ть но́вости? 5. Бу́дем де́лать э́то упражне́ние? 6. Бу́дем переводи́ть э́тот текст? 7. Бу́дем чита́ть э́тот расска́з? 8. Бу́дем у́жинать вме́сте? 9. Бу́дем есть омле́т с ветчино́й? 10. Бу́дем слу́шать му́зыку?

23. Continue as in the model:

Я хочу́ съесть моро́женое. . . . .
Я хочу́ съесть моро́женое. Дава́йте съеди́м моро́женое.

1. Я хочу́ вы́пить пи́ва. 2. Я хочу́ посмотре́ть фильм. 3. Я хочу́ погуля́ть по́сле у́жина. 4. Я хочу́ пригото́вить борщ. 5. Я хочу́ купи́ть шампа́нское. 6. Я хочу́

попро́бовать э́тот торт.   7.   Я хочу́ поспа́ть пе́ред обе́дом.   8.   Я хочу́ накры́ть на стол до прихо́да госте́й.   9.   Я хочу́ пойти́ в го́сти к Серге́ю.   10.   Я хочу́ пригласи́ть в го́сти Серге́я.   11.   Я хочу́ позвони́ть Ната́ше и позва́ть её в го́сти.

24. Fill in the blanks with the proper form of the verb.

1.   Дава́йте (позвони́ть) И́ре.   2.   Пусть Ли́да (позвони́ть) И́ре.   3.   Дава́йте (написа́ть) письмо́ Ко́ле.   4.   Дава́йте (пое́хать) в го́сти к Андре́ю.   5.   Пусть э́то письмо́ (написа́ть) Ната́ша.   6.   Пусть с на́ми (пое́хать) ваш друг.   7.   Пусть Бори́с (помо́чь) И́ре накры́ть на стол.   8.   Дава́йте (помо́чь) им.   9.   Дава́йте (попроси́ть) Са́шу помо́чь нам.   10.   Пусть Ли́нда (попроси́ть) Са́шу об э́том.   11.   Дава́йте (купи́ть) коро́бку конфе́т.   12.   Пусть Зи́на (купи́ть) цветы́.

6 ▶ 25. Provide complete conjugations for the following verb stems:

пёк´— *(inf.* печь*)* испёк´— *(See stem* тёк´ *in Appendix XI of Verb Classifiers)*

infinitive		past tense
non-past		он
я	мы	она́
ты	вы	оно́
он, она́, оно́	они́	они́

imperative

26. a.   Identify (circle) the root in each of the words derived from it.
   b.   Find the English equivalents.

—пёк—, —печ— bake

печь *f.* (пе́чка)	baker
печь-испе́чь	baked meat
пече́нье	oven
печёный	baked
запечёное мя́со	to bake
пека́рня	cookies *(sg. used as collective pl.)*
пе́карь *m.*	bakery

   c.   Assign the words above to the following categories:

Кто?   **Что?**   **Что де́лать?**   **Како́й?**
                              Что сде́лать?

   d.   Translate:

1.   Я люблю́ _____ (baked) мя́со.   2.   Вчера́ ма́ма весь день _____ (baked) пироги́.   3.   Дава́й ку́пим э́то _____ (cookies).   4.   В _____ (bakery) стоя́ла больша́я _____ (oven).

Нам пора́ уходи́ть!

27. Note, that the logical subject of **пора́** ("it is time to . . . ") is in the Dative case, and **пора́** is always followed by the **imperfective infinitive** to indicate that it is time to begin the given action.: **Мне пора́ уходи́ть.** In the past tense the third-person neuter singular **бы́ло** is used: **Мне пора́ бы́ло уходи́ть.**

Rephrase according to the model:
Мы должны́ уходи́ть. **Нам пора́ уходи́ть.**

1. Мы должны́ рабо́тать. 2. Они́ должны́ отдыха́ть. 3. Вы должны́ обе́дать. 4. Ты до́лжен встава́ть, уже́ 8:00. 5. Я должна́ выходи́ть, уже́ 8:15. 6. Она́ должна́ ложи́ться спать, уже́ 10:00. 7. Он до́лжен накрыва́ть на стол. 8. Мы должны́ печь пироги́, ско́ро приду́т го́сти.

28. Rephrase according to the model:

Он до́лжен был уходи́ть. **Ему́ пора́ бы́ло уходи́ть.**

1. Она́ должна́ была́ встава́ть. 2. Они́ должны́ бы́ли уезжа́ть. 3. Он до́лжен был гото́вить у́жин. 4. Ты должна́ была́ ложи́ться спать. 5. Мы должны́ бы́ли убира́ть со стола́. 6. Вы должны́ бы́ли э́то знать. 7. Я до́лжен был звони́ть ему́.

29. Say what it is time to do if. . . . (Answer in full sentences). You may choose from the following verbs:
выходи́ть, ложи́ться спать, накрыва́ть на стол, встава́ть, уходи́ть, конча́ть уро́к, включа́ть телеви́зор, отдыха́ть

Уже́ шесть часо́в, и вы ещё дома. А в семь часо́в начина́ется спекта́кль. **«Нам пора́ выходи́ть.»**

1. Вы ви́дите, что ваш друг о́чень уста́л. 2. Ско́ро приду́т го́сти. Стол не накры́т. 3. Вы в гостя́х, но уже́ по́здно. 4. Был звоно́к (bell rang), а уро́к продолжа́ется. 5. Че́рез две мину́ты по телеви́зору бу́дет интере́сный фильм. 6. Уже́ оди́ннадцать часо́в ве́чера, а де́ти не спят.

7 ▶

Вчера́ мы с Са́шей ходи́ли в го́сти к Ири́не и Бори́су.

30. a. Note the standard way to express a plural subject using a plural pronoun + c + instrumental:

     Мы с Са́шей = Sasha and I
     Вы с И́рой = You and Ira
     Они́ с Ната́шей = He (or she) and Natasha.

For cases besides the nominative, only the pronoun changes, while the c + instrumental remains the same.

b. Rephrase each sentence twice according to the model:

Я и Са́ша пришли́ к Ири́не в 6 часо́в.
Мы с Са́шей пришли́ к Ири́не в 6 ча́сов.
Мы с ним пришли́ к Ири́не в 6 ча́сов.

1. Я и Та́ня купи́ли Ири́не цветы́. 2. Я и Оле́г ходи́ли к Андре́ю в го́сти.
3. Я и Ли́нда вчера́ ходи́ли в кино́. 4. Я и Са́ша пригото́вили обе́д.
5. Я и Ни́на помы́ли посу́ду.

c. **Ты и Андре́й** уже́ ходи́ли в магази́н?
Вы с Андре́ем ходи́ли в магази́н?
Вы с ним ходи́ли в магази́н?

1. Ты и Лари́са уже́ бы́ли у Ири́ны? 2. Ты и Ната́ша уже́ купи́ли пода́рки?
3. Ты и Никола́й уже́ накры́ли на стол? 4. Ты и Анто́н уже́ купи́ли
шампа́нское? 5. Ты и Джон уже́ обе́дали?

31. Rephrase twice according to the model:

a. **Мне и Са́ше** на́до купи́ть пода́рок Ири́не.
Нам с Са́шей на́до купи́ть пода́рок Ири́не.
Нам с ним на́до купи́ть пода́рок Ири́не.

1. Мне и Са́ше пора́ бы́ло уходи́ть. 2. Мне и Бори́су на́до пригото́вить у́жин.
3. Мне и Кристи́не на́до убра́ть кварти́ру. 4. Мне и Ле́не на́до бы́ло помы́ть
посу́ду. 5. Мне и Андре́ю на́до купи́ть вино́.

b. **Тебе́ и Са́ше** на́до купи́ть пода́рок Ири́не.
Вам с Са́шей на́до купи́ть пода́рок Ири́не.
Вам с ним на́до купи́ть пода́рок Ири́не.

1. Тебе́ и Зи́не на́до накры́ть на стол. 2. Тебе́ и Ива́ну пора́ ложи́ться спа́ть.
3. Тебе́ и Мари́не на́до погуля́ть. 4. Тебе́ и Сти́ву пора́ отдыха́ть.
5. Тебе́ и А́не пора́ уходи́ть.

32. You are having guests tomorrow. Breifly describe what you will do tomorrow, using the following words and phrase: убра́ть кварти́ру, пойти́ в магази́н, купи́ть проду́кты и напи́тки (что́ вы ку́пите), прийти́ домо́й, пригото́вить мя́со, испе́чь торт, накры́ть на стол, встре́тить госте́й, . . .

8 ▶ 33. Render the direct speech into reported speech in two different ways.
(Рабочая тетрадь, Урок 1, упр. 35.)

Сергей попросил меня: «Купи мне хлеб и молоко.»
Сергей попросил меня купить ему хлеб и молоко.
Сергей попросил меня, чтобы я купил ему хлеб и молоко.

1. Он попросил маму: «Положи мне салат.» 2. Наташа попросила его: «Передайте мне соль.» 3. Бабушка попросила внука: «Помоги мне повесить картину.» 4. Брат попросил сестру: «Приготовь сегодня ужин.» 5. Марина попросила официанта: «Принесите ещё кофе.»

34. Pose questions that would produce the following responses:

1. — . . . . . . ?
   — Сегодня я пойду обедать **в столовую.**
2. — . . . . . . ?
   — Нет, спасибо, я не хочу **мясо.** И уже сыт(а).
3. — . . . . . . ?
   — Я буду пить **пиво.**
4. — . . . . . . ?
   — Давай поставим цветы **в эту вазу.**
5. — . . . . . . ?
   — Я положил(а) масло **в холодильник.**
6. — . . . . . . ?
   — Я закажу **блины.**

9 ▶ 35. Continue the dialogues:

1. — Когда ты хочешь идти обедать?
   . . . . . .
2. — Ты хочешь ещё что-нибудь выпить?
   . . . . . .
3. — Попробуйте грибы в сметане. Они очень вкусные.
   . . . . . .
4. — Как хорошо, что ты пришёл! Входи.
   . . . . . .

36. Translate into Russian:

1. (Natasha has arrived at Sergei's for his birthday.)
   Sergei —I'm so glad that you came! Come in, take off your coat!
   Natasha —Sergei, happy birthday! (I congratulate you on your birthday). This is a present for you.
   Sergei —Oh, what a great record! Thank you very much.

2.   (guests at the table)
   — Help yourselves! Take some fish and salad.
   — Thanks. Please pass me the salt and pepper (пе́рец).
   — Here (пожа́луйста).
   — What shall I pour for you?
   — Cognac, please.

3.   — I propose a toast to the health of our hosts.
   — Yes, let's drink to the health of Sergei and Marina.

4.   — Do you want to listen to music?
   — Yes (with pleasure).
   — What do you like better, jazz or rock?
   — Jazz.

10 ▶ 37. a.   Long-form verbal adjectives (participles) can be used to take the place of the relative pronoun **кото́рый** (if it is in either the nominative or the accusative case) and the verb of the relative clause that it introduces. Relative clauses introduced by **кото́рый in the nominative case** can be replaced by phrases with **active** verbal adjectives. Relative clauses introduced by **кото́рый in the accusative case** can be replaced by phrases with **passive** verbal adjectives. A verbal adjective agrees in case, number and gender with its head noun (recall that кото́рый agrees in number and gender with its head noun, but gets its case by its role in the relative clause). (Appendix XIV. Review the formation and usage of long-form verbal adjectives in *Stage I: Analysis Unit XV, 4.0-4.3.*)

Summary of Formation of Long-Form Verbal Adjectives (Participles)

	Active Participle		Passive Participle	
	Present	Past	Present	Past
Transitive Verbs (*impf.*)				
ви́деть	ви́дящий	ви́девший	ви́димый	ви́денный
выполня́ть	выполня́ющий	выполня́вший	выполня́емый	_____
открыва́ть	открыва́ющий	открыва́вший	открыва́емый	_____
(*perf.*)				
уви́деть	_____	уви́девший	_____	уви́денный
вы́полнить	_____	вы́полнивший	_____	вы́полненный
откры́ть	_____	откры́вший	_____	откры́тый
Intransitive Verbs (*impf.*)				
улыба́ться	улыба́ющийся	улыба́вшийся	_____	_____
(*pf.*)				
улыбну́ться	_____	улыбну́вшийся	_____	_____

Note: Not all verbs have all four participles. Only imperfective verbs can produce present participles. Only transitive verbs can produce passive participles, and among them only stems in -ай-, -ова-, -авай-, and -и- can produce present passive participles.

Verbal adjectives are not encountered often in spoken Russian, and are more common in written (especially in scientific, literary and expository) Russian. For the purposes of this course, they should be treated as passive and for developing reading skills only.

Examples:

1. Ма́льчик, чита́ющий кни́гу, сиди́т за столо́м.
   Ма́льчик, кото́рый чита́ет кни́гу, сиди́т за столо́м.

2. Ма́льчик, чита́вший кни́гу, оста́вил кни́гу на столе́.
   Ма́льчик, кото́рый чита́л кни́гу, оста́вил кни́гу на столе́.

3. Кни́га, чита́емая ма́льчиком, о́чень интере́сная.
   Кни́га, кото́рую чита́ет ма́льчик, о́чень интере́сная.
   (Note, if the agent (logical subject) of a passive verbal adjective is expressed, it is in the instrumental case. In the corresponding relative clause, кото́рый is in the accusative case and what was the agent becomes the grammatical subject and is in the nominative case.)

4. Кни́га, прочи́танная ма́льчиком, ему́ понра́вилась.
   Кни́га, кото́рую прочита́л ма́льчик, ему́ понра́вилась.

b. Replace the verbal adjectives with relative clauses introduced by кото́рый.

зака́зыва́ть-заказа́ть
Де́вушка, зака́зывающая францу́зское вино́, моя́ знако́мая.
Де́вушка, кото́рая зака́зывает францу́зское вино́, моя́ знако́мая.

1. Де́вушка, заказа́вшая францу́зское вино́, моя́ знако́мая.
2. Францу́зское вино́, зака́зываемое де́вушкой, о́чень вку́сное.
3. Официа́нт принёс францу́зское вино́, зака́занное де́вушкой.

накрыва́ть-накры́ть
1. Ма́ма, накрыва́ющая на стол, про́сит меня́ помо́чь ей.
2. Хозя́йка, накры́вшая на стол, позвала́ всех к столу́.
3. Стол, накрыва́емый ма́мой, почти́ гото́в.
4. Стол, накры́тый хозя́йкой, вы́глядел пра́зднично.

чита́ть-прочита́ть
1. Ма́льчик, чита́ющий кни́гу, не хо́чет идти́ обе́дать
2. Ма́льчик, чита́вший кни́гу, не слы́шал, что ма́ма позвала́ его́ у́жинать.
3. Кни́га, чита́емая ма́льчиком, о́чень интере́сная.
4. Кни́га, прочи́танная ма́льчиком, лежи́т на по́лке.

38. Assign the following words to one of the categories below: **сала́т, щи, сок, пироги́, солёные грибы́, разварна́я ры́ба** (steamed fish)**, торт, бе́лое вино́, конфе́ты, во́дка, варе́нье, котле́ты по-ки́евски, минера́льная вода́, бара́ний бок с ка́шей** (side of mutton with buckwheat kasha)**, ватру́шка** (cheese danish)**, чай, свина́я** (pork) **котле́та с ри́сом, кра́сное вино́, пече́нье, гре́чневая ка́ша** (buckwheat groats)**, пи́во, жа́реные мозги́** (fried brains)**, фрикасе́** (fricasee)**, у́стрицы** (oysters)**, молоко́, жа́реный гусь, я́йца с майоне́зом, ква́шеная капу́ста, ко́фе, конья́к, борщ, бутербро́д с сы́ром, селёдка, колбаса́, ликёр, пиро́жное, пи́цца, ры́ба с карто́шкой, грибы́ в смета́не, шокола́д**

Заку́ска	Горя́чие блю́да	Сла́дкое	Напи́тки
Appetizers	Main Course	Dessert	Drinks
икра́	печёное мя́со	моро́женое	шампа́нское

11 ▶ 39. Translate into Russian:

Usually I eat breakfast at home, eat lunch in the university cafeteria, and I have dinner either at home or at a restaurant with my friends. In the morning I usually drink coffee with milk and eat a small sandwich with cheese. I usually eat lunch around twelve o'clock. At that time (в э́то вре́мя) in the (university) cafeteria there's a lot of people. I usually meet my friends there and we talk about everything. In the (university) cafeteria lunch is good (tasty) and cheap. I like fish better than meat, and usually I have (eat) a fish sandwich and salad. When I have the money, I have dinner with my friends in our favorite Chinese restaurant. It is not a very expensive restaurant. Sometimes we go to the Russian restaurant "White Nights (Бе́лые но́чи)" downtown (in the center of town). I like Russian food (Russian kitchen). Yesterday, Jeff had a birthday, and we invited him to dinner at the Russian restaurant. We had a really good time there.

40. Answer the following questions using full sentences:

1. Где вы обы́чно за́втракаете, обе́даете, у́жинаете?
2. Что́ вы еди́те у́тром за за́втраком? Что́ вы пьёте во вре́мя за́втрака?
3. Когда́ вы обы́чно обе́даете?
4. Что́ вы обы́чно еди́те за обе́дом?
5. Что́ вы пьёте во вре́мя обе́да — минера́льную во́ду, сок, вино́. . .?
6. Что́ вы бо́льше лю́бите, мясны́е и́ли ры́бные блю́да?
7. Каки́е блю́да америка́нской ку́хни вы лю́бите бо́льше всего́?
8. Есть ли у вас са́мое люби́мое блю́до?
9. Каки́е блю́да ру́сской ку́хни вы зна́ете? Каки́е вам нра́вятся?
10. Вам нра́вится кита́йская ку́хня? А мексика́нская? А францу́зская? А италья́нская?
11. У вас есть люби́мый рестора́н? Где он нахо́дится? Вы ча́сто хо́дите туда́?

12 ▶

41. Write a composition either about the last time you had guests or about the last time you visited someone. Be sure to describe what you did to get ready, who was there (was it a special occasion), what you served (ate), what you drank, what everyone talked about, whether you had a good time, etc.

0 ▶ 1. a. Identify (circle) the root in each ot the words derived from it.

b. Find the English equivalent.

—з/р— (зр-, зир, зер, зар, зор-) see

зре́ние	mirror
то́чка зре́ния	to suspect
зри́тель	spectacle
зри́тельный (зал)	vision
зе́ркало	point of view
подозрева́ть	spectator
зре́лище	concert/theatre (hall)

—став— stand, place

ста́вить-поста́вить	prefix
постано́вка	to remain behind *(intrans.)*
вы́ставка	to place in a standing position
вы́ставочный (зал)	to leave behind *(intrans.)*
приста́вка	production (staging)
достава́ть-доста́ть	exhibit
оставля́ть-оста́вить	to obtain, get
остава́ться-оста́ться	exhibition (hall)

c. Assign each of the words from the two groups above to one of the following categories:

Кто?	Что?	Что де́лать? Что сде́лать?	Како́й?

d. Translate:

1. С мое́й . . . . . . (point of view) э́то о́чень интере́сная . . . . . . (production).
2. В Центра́льном . . . . (exhibit hall) сейча́с . . . . (exhibit) молоды́х худо́жников Росси́и. 3. В Большо́й теа́тр о́чень тру́дно . . . . . (to get) биле́ты. 4. По́сле э́того спекта́кля . . . . (spectators/audience) до́лго аплоди́ровали. 5. Прозвене́л тре́тий звоно́к, и мы вошли́ в . . . . (concert hall).

2. Provide full conjugations for the following verb stems:

аплоди́рова-   стара́й-ся   выбира́й- вы́б/ра-

infinitive   past tense
non-past   он
я   мы   она́
ты   вы   оно́
он, она́, оно́   они́   они́

imperative

3. Provide complete declensions (singular and plural) of **геро́й, музе́й, исто́рия, галере́я** *(Appendix I)*.

4. Make up sentences according to the model that will answer the question **Что́ где идёт?** (The names of theatres on the right can be used more than once.)

О́пера «Евге́ний Оне́гин» идёт в Большо́м теа́тре.

о́пера «Бори́с Годуно́в»   Большо́й теа́тр
пье́са Че́хова «Три сестры́»   Марии́нский теа́тр о́перы и ба́лета
бале́т «Лебеди́ное о́зеро»   Де́тский теа́тр
фильм «Унесённые ве́тром»   Кинотеа́тр повто́рного фи́лма
фильм «Успе́х»   (old films, rereleases)
бале́т «Жизе́ль»   Теа́тр на Тага́нке
пье́са по рома́ну Булга́кова   Драмати́ческий теа́тр
    «Ма́стер и Маргари́та»   Теа́тр дра́мы и коме́дии
траге́дия Шекспи́ра «Коро́ль Лир»   Кинотеа́тр «Росси́я»
пье́са Шва́рца «Драко́н»   Кинотеа́тр «Ко́смос»
де́тский спекта́кль ска́зка   Ма́лый теа́тр
«Кра́сная Ша́почка»   Теа́тр «Совреме́нник»
но́вый фильм
о́пера «Карме́н»

1 ▶

5. Answer the questions as in the model. Note that the verb **смотре́ть-посмотре́ть** is used with **фи́льм, бале́т, спекта́кль, дра́ма, пье́са, траге́дия,** whereas the verb **слу́шать-послу́шать** is used with **конце́рт** and **о́пера.**

— Вы ходи́ли на э́тот фи́льм?   — Да, мы смотре́ли э́тот фи́льм.

1. Вы ходи́ли на э́тот спекта́кль? 2. Вы ходи́ли на э́ту о́перу? 3. Вы ходи́ли на э́ту траге́дию? 4. Вы ходи́ли на э́тот бале́т? 5. Вы ходи́ли на э́тот конце́рт? 6. Вы ходи́ли на э́ту пье́су? 7. Вы ходи́ли на э́ту дра́му?

Нам объявили о курсах по выбору.
Был курс по истории русского театра.
Спектакль по роману Булгакова был поставлен в 1977-ом году.

6. The preposition **по+ dative** is often used when in English we would say "on". Study the following examples:

книга по искусству book *on* art
спектакль по роману Булгакова a play *based on* the Bulgakov's novel
экзамен по истории an exam *on* history

Put the words in parentheses in the proper form, according to the model:

Три месяца назад объявили курсы (выбор).
Три месяца назад объявили курсы по выбору.

1. В Театре на Таганке мы смотрели спектакль (роман Булгакова «Мастер и Маргарита»). 2. В этом магазине я хотела купить книги (искусство). 3. В театре-студии на Юго-западе они видели спектакль (пьеса Шварца «Дракон»). 4. Мне очень понравился фильм (роман Митчелл «Унесённые ветром»). 5. Вчера у нас была контрольная (русский язык). 6. Мне нужно взять в библиотеке учебник (химия). 7. Линде понравился фильм (роман Дюма «Три мушкетёра»). 8. На следующей неделе я буду сдавать экзамен (история). 9. Он очень хорошо сдал экзамены (математика). 10. Я слушал курс (история искусства). 11. Этот преподаватель ведёт семинар (история театра).

7. Compose sentences choosing from the four columns (items can be used more than once):

Музей современного искусства открывается в девять часов.

Музей	современное искусство	открываться	9:00
Выставка	изобразительные искусства	закрываться	10:00
	реалистическое искусство	работать	11:00
	модернисты		5:00
	абстракционисты		6:00
	молодые художники		9:00-5:00
	современный театр		10:00-1:00
	театральный плакат		1:00-6:00
	история театра		
	этнография		
	авиация и космос		

2▶ 8. Ask questions that will produce the following answers:

Я смотрела фильм по роману Толстого «Война и Мир».
Какой фильм вы смотрели?

Они ходили на выставку прикладного искусства.
На какую выставку они ходили?

1. В Теа́тре «Совреме́нник» они́ смотре́ли спекта́кль по по́вести Три́фонова «Дом на на́бережной». 2. Вчера́ мы бы́ли в музе́е изобрази́тельных иску́сств. 3. На про́шлой неде́ле они́ ходи́ли на вы́ставку театра́льных декора́ций. 4. За́втра мы пойдём в Музе́й исто́рии теа́тра. 5. Мы ходи́ли на вы́ставку импрессиони́стов. 6. Я писа́л рабо́ту по фи́зике. 7. Он ведёт семина́р по эконо́мике. 8. Утром у нас была́ ле́кция по эколо́гии.

> В Большо́й теа́тр о́чень тру́дно доста́ть биле́ты.

9. Provide full conjugations for the following verb stems:

доставай- достан-			попада́й- попад´-
			(*inf.* попасть) (stress in past fixed on root попа́л, попа́ла, etc.)

infinitive			past tense
non-past			он
я		мы	она́
ты		вы	оно́
он, она́, оно́		они́	они́
imperative			

10. Answer the questions as in the model:

— Ты купи́ла биле́ты в Большо́й теа́тр?
— **Нет, к сожале́нию, я не смогла́ их доста́ть.**

1. Он купи́л э́тот слова́рь? 2. Вы нашли́ ну́жную вам кни́гу? 3. Вы купи́ли биле́ты на самолёт на пе́рвое а́вгуста? 4. Она́ купи́ла э́тот конья́к? 5. Вы купи́ли биле́ты на рок-конце́рт?

3 ▶
> Дава́й схо́дим на э́ту вы́ставку!

Note: Recall the perfective verb **сходи́ть** (Unit 5. For a discussion of **сходи́ть / съе́здить,** see *Рабо́чая тетра́дь, Уро́к 10, упр. 14*). **Сходи́ть** is perfective and therefore is only possible in the past or future. Recall that it renders the meaning of a one time completed round trip with a specific goal in mind.

11. Continue as in the model:

Она́ ещё не была́ в э́том теа́тре. **Ей на́до туда́ сходи́ть.**

1. Мы ещё не́ были в Эрмита́же. 2. Они́ ещё не́ были в Третьяко́вской галере́е. 3. Он ещё не́ был в Марии́нском теа́тре о́перы и бале́та. 4. Она́ ещё не была́ в Большо́м теа́тре. 5. А́нна ещё не была́ в Музе́е изобрази́тельных иску́сств и́мени А.С. Пу́шкина. 6. Серге́й ещё не́ был в Центра́льном вы́ставочном за́ле на Мане́же. 7. Мы ещё не́ были в Метропо́литене.

12. Provide two forms of invation as in the model:

кино́   **Я хочу́ пригласи́ть тебя́ в кино́. Дава́й схо́дим в кино́.**

студе́нческий теа́тр, Музе́й авиа́ции, Национа́льная галере́я, откры́тие вы́ставки,
премье́ра спекта́кля

4 ▶

Эта пье́са о добре́, кото́рое побежда́ет зло.
        В Теа́тре на Тага́нке мы ви́дели великоле́пный спекта́кль «Ма́стер и
Маргари́та», в кото́ром Вениами́н Сме́хов игра́ет роль Во́ланда.

13. Review the formation and use of the relative pronoun **кото́рый** *(Stage I: Unit X, 3.0)*. Insert
the proper form of **кото́рый**. Remember: **кото́рый** agrees in number and gender with its
antecedent, but its case is determined by its role in the subordinant clause.

1. Мы поста́вили **пье́су**, ... написа́л Евге́ний Шварц. 2. Отку́да э́ти лю́ди,
. . . . вы объясни́ли, как пройти́ в теа́тр. 3. Я уже́ ви́дела **фильм**,
о . . . . вы говори́те. 4. Расскажи́те мне **о вы́ставке**, на . . . . . . вы
ходи́ли вчера́. 5. Я зна́ю **э́того режиссёра**, с . . . . вы познако́мились.
6. Как зову́т **э́ту де́вушку**, у . . . . . . вы взя́ли биле́ты? 7. Вчера́ я купи́ла
кни́гу по совреме́нному иску́сству, о . . . . я вам говори́ла. 8. Я купи́л
биле́ты в **театра́льном кио́ске**, ... нахо́дится недалеко́ от на́шего институ́та.
9. Мы бы́ли в **теа́тре**, в . . . . . . рабо́тает моя́ знако́мая. 10. Мы купи́ли
пласти́нки с пе́снями Влади́мира Высо́цкого, ... давно́ иска́ли.

14. Provide full conjugations for the following verb stems:

выступа́й-   вы́ступи-   уча́ствова-

infinitive		past tense
non-past		он
я	мы	она́
ты	вы	оно́
он, она́, оно́	они́	они́

imperative

15. Combine the two sentences using the proper form of the relative pronoun **кото́рый.**

Я зна́ю актёра. Он рабо́тает в Теа́тре на Тага́нке.
Я зна́ю актёра, кото́рый рабо́тает в Теа́тре на Тага́нке.

1. Они́ ходи́ли на рок-конце́рт. В конце́рте уча́ствовали музыка́нты из ра́зных
стра́н. 2. Мы говори́ли об актри́се. О ней была́ статья́ в журна́ле «Теа́тр».
3. Я встре́тила режиссёра. Я вам говори́ла о нём. 4. Мне о́чень понра́вился
певе́ц. Я его́ слы́шала на конце́рте. 5. Я ра́ньше не знал молодо́го худо́жника.
Мы вчера́ бы́ли у него́ в мастерско́й. 6. Мне о́чень понра́вились ва́ши друзья́.
Мы с ни́ми ходи́ли в Национа́льную галере́ю. 7. Мы ходи́ли на экску́рсию
в дом-музе́й. В э́том до́ме жил Достое́вский. 8. Вчера́ на вы́ставке молоды́х
худо́жников я ви́дел(а) пейза́жи (landscapes). Вы мне о них говори́ли. 9. Мне
о́чень нра́вится клоу́н. Он выступа́ет в Ста́ром ци́рке.

16. Supply continuations:

1. Э́тот актёр игра́ет *в теа́тре,* кото́рый. . .

                    о́коло кото́рого. . .

                    в кото́ром. . .

                    в кото́рый. . .

                    о кото́ром. . .

2. Я ходи́л(а) *в галере́ю,* кото́рая. . .

                    о кото́рой. . .

                    ря́дом с кото́рой. . .

                    в кото́рой. . .

                    кото́рую. . .

3. Мы говори́м *о худо́жниках,* кото́рые. . . .

                    с кото́рыми. . . .

                    к кото́рым. . .

                    у кото́рых . . .

                    о кото́рых. . .

5 ► **17.** Translate into Russian:

Our friends who really love the theatre invited us to go with them to a new experimental theatre-studio. This theatre where (in which) young talented actors perform is now very popular. We saw a play which was written by a young playwright (драмату́рг). We all liked the performance which was staged by the theatre's main director. After the performance we talked about all the actors, but especially about the actor who played the main role. This talented actor, who used to live in Petersburg, now lives and works in Moscow.

> **Режиссёр дово́лен на́ми.**

18. Write down your answers to the questions using **дово́лен, дово́льна, дово́льны + чем-кем.**

— Тебе́ понра́вился спекта́кль?   — Да, я о́чень дово́лен (дово́льна) спекта́клем.

1. А́нне понра́вился наш ве́чер? 2. Оле́гу понра́вилась вы́ставка? 3. Ребя́там понра́вилась экску́рсия? 4. Тебе́ понра́вилась твоя́ роль? 5. Ма́ме понра́вился твой пода́рок? 6. Им понра́вился э́тот курс?

19. Compose questions and answers as in the model, using pronouns in your answers:

преподава́тель, сту́денты
— **Преподава́тель дово́лен студе́нтами?** — **Да, он дово́лен и́ми.**

1. ма́ма, де́ти 2. режиссёр, актёры 3. Ни́на, свой докла́д 4. Серге́й, своя́ пое́здка 5. Ребя́та, свой спекта́кль

20. Supply continuations as in the model. Note the use of **тем, что** when the compliment to **дово́лен** is a verb phrase:

Я вчера́ ходи́л(а) на конце́рт.
Я дово́лен (дово́льна) тем, что я ходи́л(а) на конце́рт.

1. Ли́нда вы́брала курс по исто́рии ру́сского теа́тра. 2. Серге́й вчера́ ходи́л на вы́ставку стари́нной бро́нзы. 3. Мы уча́ствовали в конце́рте. 4. Ната́ша пошла́ на премье́ру спекта́кля «Обыкнове́нное чу́до».

6 ▶

"Verbs of Studying and Learning."
Review the following verbs and their compliments (*see Chapter I, and also Stage I: Unit XIII, 3.0*).

учи́ться	где? как?
учи́ться-научи́ться	чему́, у кого́, что де́лать
у́чить-вы́учить	что
учи́ть-научи́ть	кого́ что де́лать (= преподава́ть)
занима́ться	чем
изуча́ть-изучи́ть	что

21. Insert the verb **учи́ть** or **учи́ться** in the correct form:

1. —Где вы . . . ? — Я . . . . в университе́те. —А где . . . ва́ша ста́ршая сестра́? —Моя́ ста́ршая сестра́ не . . . Она́ уже́ рабо́тает. 2. —Что вы де́лали вчера́ на уро́ке? —Вчера́ мы . . . диало́г. —Вы до́лго . . . э́тот диало́г? —Нет, диало́г был нетру́дный, и мы его́ . . . недо́лго. 3. —Что вы сейча́с де́лаете? — Я . . . сти́хи. —Вы . . . сти́хи на ру́сском языке́? — Да, я . . . . ру́сские сти́хи. Я ду́маю, что э́то о́чень поле́зно. 4. —Ваш мла́дший брат шко́льник? — Да, он . . . в шко́ле. —Как он . . . . ? —Он . . . хорошо́. — Когда́ он . . . уро́ки? —По́сле обе́да он обы́чно гуля́ет, а пото́м начина́ет . . . уро́ки. 5. —Как она́ . . . ? — Она́ . . . хорошо́, потому́ что она́ мно́го занима́ется: ка́ждый день . . . но́вые слова́.

22. Insert the correct verb from the above list in the proper form:

Вы уже́ зна́ете Джо́на. Джон . . . в Теха́сском университе́те. Он уже́ три го́да . . . ру́сским языко́м. Он . . . не то́лько ру́сский язы́к. Его́ основна́я специа́льность — эконо́мика, и он . . . эконо́мику Росси́и. Он мно́го чита́ет специа́льной экономи́ческой литерату́ры и всегда́ выпи́сывает из те́кстов но́вые слова́ и . . . их. Джон о́чень весёлый челове́к. Он хорошо́ поёт и игра́ет на гита́ре. Он . . . игра́ть на гита́ре в де́тстве. Его́ . . . игра́ть на гита́ре ста́рший брат. Его́ брат гитари́ст. Джон хоро́ший спортсме́н. Он . . . и бе́гом, и пла́ванием, и баскетбо́лом.

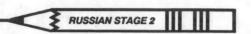

23. Olga studies at the Moscow Conservatory. Compose a short text about Olga and her studies using the word combinations below:

учи́ться в Моско́вской консервато́рии, занима́ться исто́рией ру́сской му́зыки, изуча́ть тео́рию му́зыки, учи́ться игра́ть на фортепья́но, учи́ться пе́нию у профе́ссора Ивано́ва, учи́ться хорошо́

7 ▶

> **Спекта́кль «Ма́стер и Маргари́та» — са́мый популя́рный спекта́кль** Теа́тра на Тага́нке.

24. Review the formation and use of the superlative degree. Recall that the superlative is formed by **са́мый** + the positive degree of the adjcetive. *(Stage I: Unit XV, 1.0-1.4, note especially 1.24.)*

Answer the questions as in the model using the words in parentheses and superlative degree:

Где вы бы́ли? (интере́сный музе́й)
Мы бы́ли в са́мом интере́сном музе́е.

1. На како́й спекта́кль в Теа́тр на Тага́нке вы ходи́ли? (популя́рный спекта́кль) 2. О ком вы говори́те? (интере́сный худо́жник) 3. Кто игра́ет в э́том фи́льме? (мой люби́мый актёр) 4. С кем вы познако́мились? (изве́стный драмату́рг) 5. Где висе́ла э́та карти́на? (ма́ленький зал) 6. Где вы сего́дня обе́дали? (дорого́й рестора́н) 7. Где нахо́дится э́тот музе́й? (ста́рая ча́сть го́рода).

25. Note the superlative infix **-ейш-, -айш-** that may be encountered, especially in literary Russian. *(Stage I: Unit XV, 1.24.)* Also recall that the following superlatives лу́чший = са́мый хоро́ший, ху́дший = са́мый плохо́й.

Rewrite the sentences, replacing the "high form" superlatives with a compound superlative:

Э́тот спекта́кль **интере́снейший** в репертуа́ре э́того теа́тра.
Э́тот спекта́кль **са́мый интере́сный** в репертуа́ре э́того теа́тра.

1. Э́тот актёр популя́рнейший актёр Аме́рики. 2. Э́та актри́са изве́стнейшая актри́са Голливу́да. 3. Э́то сложне́йший сюже́т рома́на. 4. Э́то лу́чший фильм э́того режиссёра. 5. Э́то ху́дшее впечатле́ние от пое́здки.

26. Combine the two sentences into one using the conjunction **хотя́** (even though):

Пье́са мне не понра́вилась. Я люблю́ э́того а́втора.
Пье́са мне не понра́вилась, хотя́ я люблю́ э́того а́втора.

1. Я не по́мню э́тот рома́н. Я чита́л его́ неда́вно. 2. Я реши́ла посмотре́ть «Три сестры́». Я ви́дела э́ту пье́су ра́ньше. 3. Мы пошли́ на вы́ставку с Ива́ном. Я уже́ была́ на э́той вы́ставке. 4. Он непло́хо говори́т по-ру́сски. Он неда́вно у́чит ру́сский язы́к.

Театр на Таганке был создан в начале шестидесятых годов талантливым режиссёром Юрием Петровичем Любимовым.

27. Review the formation of short-form verbal adjectives in *Stage I: Unit XVI, 1.0,* then provide the infinitives from which the following short-form verbal adjectives are formed:

сделан	изучен	открыт
сделать	*изучить*	*открыть*

организован	построен	закрыт
создан	поставлен	забыт
написан	получен	
прочитан	куплен	
послан	переведён	
продан		
нарисован		
основан		
издан		

28. Rephrase according to the model:

Театр на Таганке создан Юрием Любимовым.
Юрий Любимов создал Театр на Таганке.

1. Московский универсртет основан Михаилом Васильевичем Ломоносовым.
2. Роман «Мастер и Маргарита» написан Булгаковым в конце тридцатых годов.
3. Третьяковская галерея создана братьями Третьяковыми. 4. Это здание построено архитектором Казаковым. 5. Эта картина нарисована моим знакомым художником.

29. Rephrase the sentences using the correct form of the verb in place of the short-form verbal adjective and making all other necessary changes.

a. Скоро будет открыта эта выставка.　　**Скоро откроют эту выставку.**

1. В следующем году будет организован семинар по истории русского театра.
2. Скоро будут переведены рассказы этого писателя на английский язык.
3. Здесь будет построен театр. 4. В конце этого месяца музей будет закрыт.

b. Недавно была открыта выставка.　　**Недавно открыли выставку.**

1. В прошлом году в нашем городе был открыт ещё один театр. 2. Недавно были изданы письма Марины Цветаевой. 3. На прошлой неделе была организована экскурсия в Эрмитаж. 4. Эта картина была куплена моей подругой.

8 ▶ 30. Review the rules for reported commands *(See Рабо́чая тетра́дь, Уро́к 1, упр. 35, and Stage I: Unit XV, 3.2).*

Note: The first person imperative **"Дава́йте"** includes the person speaking and is equivalent to an invitation or suggestion to perform an action together.   It is often rendered in reported speech by the verb **предложи́ть + infinitive:**

Са́ша сказа́л Ли́нде: «Дава́й схо́дим на вы́ставку.»
Са́ша **предложи́л** Ли́нде вме́сте **сходи́ть** на вы́ставку.

Render the following first person imperatives/invitations into reported speech:

1.   Серге́й сказа́л нам: «Дава́йте пойдём в Национа́льную галере́ю.»
2.   Ири́на сказа́ла О́льге: «Дава́й посмо́трим но́вую кинокоме́дию.»
3.   Бори́с сказа́л: «Дава́йте послу́шаем но́вую пласти́нку.»
4.   Ма́ма сказа́ла де́тям: «Дава́йте схо́дим в цирк.»
5.   Ни́на сказа́ла Ле́не: «Дава́й пойдём на рок-конце́рт.»

31. Render the following reported statements into direct speech:

Й́рина предложи́ла посмотре́ть но́вую кинокоме́дию.
Ири́на сказа́ла: «Дава́йте посмо́трим но́вую кинокоме́дию.»

1.   Он предложи́л пойти́ в Большо́й теа́тр. 2. Они́ предложи́ли пое́хать в Петербу́рг. 3. Ле́на предложи́ла сходи́ть на премье́ру. 4. Ли́нда предложи́ла посмотре́ть но́вую вы́ставку. 5. Джон предложи́л послу́шать пе́сни Була́та Окуджа́вы.

9 ▶ 32. Short form adjectives:

Most adjectives denoting qualities in Russian have two forms, long and short. Short-form adjectives are formed by adding the appropriate gender endings **ø** (masc.) **-а/-я** (fem.), **-о/-е** (neut.), **-ы/-и** (pl.) to the stem of the long-form adjective.

краси́в-ый	краси́в	краси́ва	краси́во	краси́вы
хоро́ш-ий	хоро́ш	хороша́	хорошо́	хороши́
интере́сн-ый	интере́сен	интере́сна	интере́сно	интере́сны
прекра́сн-ый	прекра́сен	прекра́сна	прекра́сно	прекра́сны
прост-о́й	прост	проста́	про́сто	просты́

Note that a long-form adjective stem ending in a consonant preceded by a vowel remains unchanged. However, a long-form adjective stem ending in two consonants (like **интере́сн-ый** and **прекра́сн-ый**) (with the exception of -ст as in **просто́й**), the vowel **-о-** or **-е-** is inserted between the two consonants. (No short-form adjectives are formed from long-form adjectives ending in **–ск(ий)** or **–ов(ой)**.)

Whereas the long forms can be used attributively or predicatively, the short form adjective can be used *only* predicatively and it is not declined, i.e., it changes only for number and gender. It is encountered rarely in contemporary spoken Russian, but there are certain instances when the use of the short form is preferred in the predicative position. This is the case to express a quality that is temporary, relational, or in some way limited by the specific context to a particular aspect. Analyze the following examples:

Эта скульпту́ра интере́сная.
This sculpture is interesting.
(in general)

Эта скульпту́ра интере́сна *по компози́ции.*
This sculpture is interesting *in its composition.*
(the quality "interesting" is limited to one aspect of the sculpture)

Эта карти́на вырази́тельная.
This painting is expressive . . .
(in general)

Эта карти́на вырази́тельна *по сюже́ту.*
This painting is expressinve *in its subject.*
(the quality "expressive" is limited to the subject only)

Этот спекта́кль интере́сный.
This show is interesting.
(in general)

Этот спекта́кль интере́сен *для дете́й.*
This show is interesting *for children.*

Эта ко́мната ма́ленькая.
This room is small.
(in general)

Эта ко́мната мала́ *для репети́ций.*
This room is small *for rehearsals.*
(it may be a large room, but it is **relatively** small)

33. Form short-form adjectives (masc., fem., neut., pl.) for the following long-from adjectives.
интере́сный, изве́стный, прекра́сный, великоле́пный, сло́жный, я́сный

34. Insert either the long-form or the short-form of an adjective from the list in 33 as required by context:

1. Этот фи́льм . . . . Сове́тую тебе́ посмотре́ть. Этот фильм . . . . по сюже́ту. (интере́сный, интере́сен) 2. Этот режиссёр . . . . . . во всём ми́ре свои́ми но́выми фи́льмами. Этот режиссёр о́чень . . . . . (изве́стный, изве́стен) 3. Эта актри́са . . . . Она́ прекра́сно танцу́ет. Она́ . . . . в та́нце (movement). (великоле́пная, великоле́пна). 4. Эта карти́на . . . . Эта карти́на . . . . . . по компози́ции. (сло́жная, сложна́) 5. Этот рома́н . . . . Он . . . . . . по сюже́ту. (просто́й, прост)

35. When the subject of the sentence is expressed by the words ... то, всё, что́, одно́, друго́е, после́днее, гла́вное, ... then the predicate is always expressed by the neuter short-form adjective.

Всё интере́сно. Это прекра́сно. Что́ непоня́тно? Одно́ нея́сно. Гла́вное я́сно.

Continue as in the model:

Спекта́кль интере́сный. Это **интере́сно.**
1. Вопро́с сло́жный. Всё . . . . . 2. Актёр тала́нтливый. Это . . . . 3. Фильм прекра́сный. Это . . . . . . 4. Пье́са интере́сная. Что́ . . . . . ? 5. Сюже́т просто́й. Всё . . . . 6. За́мысел непоня́тный. Это . . . . 7. Карти́ны вырази́тельные. Всё . . . .

10 ▶ **36.** Pose questions that would produce the following answers:

    1. — . . . . ?
       — Нет, мы хо́дим в теа́тр **не о́чень ча́сто.**
    2. — . . . . ?
       — Вчера́ мы бы́ли **в Национа́льной галере́е.**
    3. — . . . . ?
       — Да, **о́чень понра́вился.**
    4. — . . . . ?
       — Мы смотре́ли **ста́рый детекти́в.**
    5. — . . . . ?
       — **Да, сто́ит посмотре́ть.** Сходи́ обяза́тельно.
    6. — . . . . ?
       — Я о́чень люблю́ **совреме́нную му́зыку.**

37. Continue the dialogues (6-8 lines):

    1. — Где идёт но́вый фильм со Шварцене́гером?
     . . . .
    2. — Что́ ты мне посове́туешь посмотре́ть?
     . . . .
    3. — Дава́й схо́дим на рок-конце́рт.
     . . . .

38. Provide full conjugations for the following verb stems:

обижа́й-   **обри́де-**

infinitive		past tense
non-past		он
я	мы	она́
ты	вы	оно́
он, она́, оно́	они́	они́

imperative

39. Note the compliments of the following verbs (these verbs appear in the **Reading**):

обижа́ть-оби́деть кого́   (transitive) to insult someone
обижа́ться-оби́деться на кого́, на что   to take offence at

Insert the correct form of the verb with or without **-ся,** depending on context:

1. —Почему́ ты пла́чешь? Кто тебя́ . . . . . . ? —Ле́на меня́ . . . .
2. Он никогда́ не . . . . и сам никого́ никогда́ не . . . . (present tense).
3. —Не . . . . (imperative), но я не могу́ приня́ть ваш пода́рок. — Е́сли вы не возьмёте, вы меня́ . . . . (perfective). 3. Она́ всегда́ . . . . . . на нас, хотя́ мы не хоти́м её . . . .

11 ▶ **40.** Translate the following phone conversation into Russian:

— John, what are you doing tonight?
— Nothing. I'm free tonight. Why?
— Let's go to the movie.
— Fine (with pleasure). What do you want to see?
— I want to see the new spy-thriller (детекти́в), but I don't know where it's playing.
— I know. It's playing at the "Forum".
— Great. Let's meet at 7:00.
— OK, where?
— In the restaurant next to the movie theatre.
— OK. Agreed!

41. Translate into Russian:

I have wanted to go to a performance in a theatre on Broadway (на Бродве́е) for a long time, but it's really hard to get tickets and they are very expensive. Yesterday was my birthday and my brother gave me two tickets to a show on Broadway. I invited Grisha to go with me. We met an hour before the show in a small Italian restaurant near the theatre. We had dinner — everything was very good. We arrived at the theatre 10 minutes before the beginning of the show. The show was excellent. It was a play based on a novel by Priestly. My favorite actor played the main role. After the performance, the audience applauded for a long time. I really liked the show and the entire evening. It was a really great birthday.

42. Rephrase the sentence, replacing the participle phrase with a **кото́рый** clause:

1. Са́ша, подари́вший канделя́бр до́ктору, был о́чень дово́лен.
2. До́ктор не знал, что де́лать с канделя́бром, пода́ренным Са́шей.
3. Оте́ц Са́ши, покупа́вший стари́нную бро́нзу, продава́л её люби́телям.
4. Канделя́бр, ку́пленный отцо́м Са́ши, был из стари́нной бро́нзы.
5. У люде́й, покупа́ющих произведе́ния иску́сств, мно́го де́нег.
6. Мы ви́дели э́ту ску́льпту́ру, сде́ланную изве́стным ру́сским ску́льптором Антако́льским, в Третьяко́вской галере́е.

12 ▶ **43.** The International Students Office of your university (or the Visitor's Bureau of your city) would like to put together a brochure in Russian for visiting Russian students (tourists). They have asked you to help write about cultural events and points of interest at your university (in your town).

Write a description for them. What cultural places of interest and events in your city do you recommend: theatres, current exhibits, parks, concerts, current movies, etc. Be sure to include information on location, hours of operation, price of admission.

(continued on following page)

A possible beginning might be:

В на́шем го́роде (в на́шем университе́те) есть больша́я карти́нная галере́я, му́зей авиа́ции, ...

Карти́нная галере́я нахо́дится в це́нтре го́рода. Она́ рабо́тает с . . . . . до . . . . . Вхо́д беспла́тный . . . . .

Музе́й авиа́ции нахо́дится . . . . .

0 ▶ 1.   a.   Identify (circle) the root in each of the words derived from it.

         b.   Find the English equivalent.

—бол— sickness, pain

боль *f.*	sick *adj.*
больни́ца	patient
боле́знь *f.*	pain
боле́зненный	to be (get) sick
безболе́зненный	illness
больно́й *adj.*	hospital
больно́й *noun*	painful
боле́ть-заболе́ть	painless

—жал— pity, regret

жа́леть-пожале́ть	pitiful, pathetic
жа́лко (жаль)	to complain
жа́лкий	complaint
жа́лоба	(it is) a pity
жа́ловаться	to regret
-пожа́ловаться	

—здоро́в—, **—здрав—** healthy

здоро́вье	to recover, get healthy
здоро́вый	to be healthy, to thrive
здра́вствовать	health
здравомы́слящий	healthy
выздора́вливать	sensible, judicious
-вы́здороветь	

         c.   Assign each of the words from the two groups above to one of the following categories:

Что?   **Как?**   **Что де́лать?**   **Како́й?**

                                               Что сде́лать?

2.   Provide full conjugations for the following verb stems:

чу́вствова- (себя́)   **боле́й-** (to be sick)

infinitive		past tense
non-past		он
я	мы	она́
ты	вы	оно́
он, она́, оно́	они́	они́
imperative		

3. Provide declensions of **здоро́вье** (singular only) and **боле́знь** (f.) (singular and plural).

1 ▶ 4. To indicate that someone is sick, the following short forms are used: **он бо́лен, она́ больна́, они́ (мы) больны́.** These forms are used only predicatively, and agree in gender and number with the subject. (Note that the long form adjective **больно́й** means "to be sickly" in general.)

Insert the correct form **бо́лен, больна́, больны́.**
1. Де́ти сего́дня не пойду́т в цирк, они́ . . . . . . 2. Сего́дня Ната́ши нет на рабо́те, она́ . . . . . 3. Па́вел не е́здил с на́ми на экску́рсию, он был . . . . . . 4. На про́шлой неде́ли, мы все бы́ли . . . . У нас был грипп. 5. —Ты пойдёшь с на́ми в кино́? — Нет, я . . . . 6. —Ми́ша придёт сего́дня на репети́цию? —Нет, он . . . . . . 7. Вчера́ её не́ было на заня́тиях. Она́ была́ . . . . . .

5. The verb **боле́ть** (stem **боле́-**) is used in Russian to indicate that something hurts or aches. It is used only in the third person **боли́т, боля́т,** (past tense **боле́л, боле́ла, боле́ло, боле́ли**). Continue the sentences to indicate what symptoms one might have with the following illnesses. Include a few possible symptoms for each. For example:

у него́ (у неё) боли́т голова́, го́рло, живо́т; боля́т ру́ки, но́ги
у него́ (у неё) ка́шель, на́сморк, (высо́кая) температу́ра

У Са́ши анги́на. У него́ . . . .
У Ни́ны бронхи́т. У неё . . . .
У Пе́ти грипп. У него́ . . . .
У Та́ни воспале́ние лёгких. У неё . . . .

> Уже́ два дня я боле́ю.
> Ната́ша говори́т, что я заболе́ла, потому́ что я ходи́ла без пальто́ и без ша́пки.

6. The verb **боле́ть-заболе́ть** (stem **болей-**) is used in Russian to indicate "to be sick". The prefix **за-** is used to form the perfective and indicates the onset of illness.

Insert the appropriate form of the verb **боле́ть-заболе́ть.** Pay careful attention to tense and aspect.

1. Он здоро́вый челове́к. Он . . . . о́чень ре́дко. 2. К сожале́нию, де́ти ча́сто . . . . . 3. Е́сли ты бу́дешь ходи́ть без ша́пки, ты . . . . . . 4. Джон сего́дня не придёт. Он вчера́. . . . . . 5. Я о́чень ча́сто . . . . . . зимо́й. 6. Он никогда́ не . . . . . . , потому́ что он занима́ется спо́ртом. 7. Ле́на . . . . . на про́шлой неде́ле, и . . . . . . уже́ четы́ре дня.

2 ▶ 7. Compose sentences as in the model, using the verb **боле́ть-заболе́ть**:

Áнна   грипп
Áнна заболе́ла. У неё грипп. Она́ боле́ет уже́ три дня.

Áнна	грипп	неде́ля
Ми́ша	анги́на	пять дней
Бо́ря	бронхи́т	два дня
Све́та	воспале́ние лёгких	две неде́ли
Бе́тси		три дня
Йра		ме́сяц
Ве́ра		два ме́сяца
Анто́н		четы́ре дня
Джон		
Э́рик		
Ли́за		

> Сего́дня я чу́вствую себя́ лу́чше, у меня́ уже́ норма́льная температу́ра, го́рло почти́ не боли́т

8. Relace the sentences with a dative impersonal construction as in the model:

Я пло́хо себя́ чу́вствую.
Мне пло́хо.

1. Он пло́хо себя́ чу́вствует. 2. Она́ пло́хо себя́ чу́вствует. 3. Они́ пло́хо себя́ чу́вствуют. 4. Мы пло́хо себя́ чу́вствуем. 5. Ты пло́хо себя́ чу́вствуешь?
6. Ли́нда пло́хо себя́ чу́вствует. 7. Джефф пло́хо себя́ чу́вствует.

> Врач сказа́л, что́бы я полоска́ла го́рло, пила́ лека́рство и лежа́ла три дня.

9. Translate into Russian:

I got sick a week ago. I had a headache (my head hurt), a sore throat (my throat hurt), a high temperature, and I had a cough. I felt very bad. I went to the doctor and he said I had the flu, and that I should stay in bed (лежа́ть), and take medicine. Today I feel better. My throat doesn't hurt anymore (бо́льше), my head doesn't hurt anymore, and my temperature is normal.

10. Compose questions that would produce the following answers:

1. —. . . . .—Сего́дня я хорошо́ себя́ чу́вствую.
2. —. . . . .—У меня́ ничего́ не боли́т.
3. —. . . . .—У него́ грипп.
4. —. . . . .—Серге́я нет, потому́ что он заболе́л.
5. —. . . . .—Да, давно́. Он боле́ет уже́ неде́лю.
6. —. . . . .—Да, я ходи́л(а) вчера́ к врачу́.

3 ▶ 11. a. Identify (circle) the root in each of the words derived from it.
     b. Find the English equivalent.

—жар— burn

жара́	(it is) hot
жа́ркий	firebird
жа́рко	fire
жа́рить-пожа́рить	fireman
жа́реный	hot *adj.*
жарпти́ца	to fry
пожа́р	heat, hot weather
пожа́рник	fried

—хо́лод— (—хлад—) cold

хо́лод	cool
хо́лодно	cold *adj.*
холо́дный	refrigerator
холоди́льник	cold *noun*
прохла́дно	(it is) cold

—тёп-/л— warm

тепло́ *noun*	steam engine, diesel locomotive
тепло́	steamship
тёплый	warmth
тепли́ца	(it is) warm
теплово́з	warm *adj.*
теплохо́д	greenhouse

    c. Assign each of the words from the two groups above to one of the following categories:

Кто?	Что?	Что́ де́лать?	Како́й?
		Что́ сде́лать?	

> Мы гуля́ли в Изма́йлове до́лго, бы́ло тепло́.
> Но когда́ мы шли обра́тно, ста́ло хо́лодно, и я о́чень замёрзла..

12. Compose brief exhanges about the weather as in the model. Note that when the full form of the adjective is used, the modifier **тако́й (така́я, тако́е, таки́е)** is used, whereas the modifier **так** is used predicativly in impersonal constructions with adverbs such as **хорошо́, жа́рко, ве́село, ску́чно, хо́лодно,** etc.

    хорошо́, хоро́шая погода
— Сего́дня так хорошо́ на у́лице.
— Да, сего́дня така́я хоро́шая погода!

    1. пло́хо, плоха́я погода 2. хо́лодно, холо́дный де́нь 3. жа́рко, жа́ркий день
    4. вла́жно, вла́жная погода 5. тепло́, тёплый де́нь 5. прекра́сно, прекра́сный день

4 ▶ 13. a. Recall that the imperfective aspect is used to describe simultaneous actions, whereas the perfective is used to describe completed actions that occur consecutively. *(Stage I: Unit VI, 1.5)*

Вчера́ ве́чером я убира́ла ко́мнату и слу́шала му́зыку.
Last night I cleaned my room and listened to music (at the same time).

Я сняла́ зи́мнее пальто́ и пове́сила в шкаф, убрала́ тёплые зи́мние ве́щи.
I took off my coat and hung it in the closet, and (then) put away my winter things.

Врач осма́тривал меня́ и спра́шивал, что у меня́ боли́т.
The doctor examined me and asked me what hurt (while examining).

Врач посмотре́л го́рло, послу́шал лёгкие и се́рдце и сказа́л, что у меня́ грипп.
The doctor looked at my throat, (then) listened to my lungs and heart, and (then) said have the flu.

b. Rephrase the sentences using the following words to emphasize the relationship between the verbs: **когда́; пока́;** or **в то вре́мя, как** to indicate simultaneous actions and **снача́ла . . . пото́м . . .** to indicate consecutive actions.

Студе́нт чита́л текст и выпи́сывал но́вые слова́.
Когда́ (пока́; в то вре́мя, как) студе́нт чита́л текст, он выпи́сывал но́вые слова́.

Студе́нт прочита́л текст и рассказа́л его́.
Снача́ла студе́нт прочита́л текст, пото́м рассказа́л его́.

1. Врач осма́тривал больно́го (patient) и спра́шивал, как он себя́ чу́вствует.
2. Врач осмотре́л больно́го и вы́писал лека́рство. 3. Молодо́й челове́к вы́пил лека́рство и лёг спать. 4. Мы пи́ли чай и разгова́ривали. 5. Мы вы́пили чай и пошли́ гуля́ть. 6. Он вошёл в ко́мнату, снял пальто́ и пове́сил его́ в шкаф.
7. Они́ ве́шали тёплые ве́щи в шкаф и говори́ли о пого́де.

14. Supply continuations:

1. Врач осмотре́л больно́го и . . . .
2. Врач осма́тривал больно́го и . . . .
3. Она́ лежа́ла в крова́ти и . . . .
4. Он вы́пил лека́рство и . . . .
5. Мы убира́ли тёплые ве́щи и . . . .
6. Мы убра́ли ко́мнату и . . . .
7. Они́ гуля́ли и . . . .

15. Translate:

I arrived at the doctor's. The doctor examined me: he listened to my heart and lungs, looked at my throat, and then wrote out a prescription (вы́писать реце́пт, ог лека́рство). I left the doctor's office (the doctor's) and went to the drugstore. In the drugstore I bought the medicine and went home. At home I took the medicine and went to bed. That was the day before yesterday (позавчера́). Yesterday I stayed (was lying) in bed and read all day. I took medicine three times a day (три ра́за в день). Last night Natasha stopped by. We had dinner together, talked a lot and listened to music.

16. Answer the questions:

1. Кака́я сего́дня пого́да? Ско́лько сего́дня гра́дусов? Ско́лько вчера́ бы́ло гра́дусов? Бы́ло холодне́е и́ли тепле́е? 2. Кака́я пого́да обы́чно быва́ет зимо́й в ва́шем родно́м го́роде? А ле́том? Там ча́сто идёт до́ждь? А зимо́й идёт снег? 3. Кака́я пого́да вам нра́вится? 4. Как вы себя́ чу́вствуете, когда́ жа́рко? А когда́ хо́лодно?

5 ▶ Ната́ша говори́т, что я заболе́ла, потому́ что я ходи́ла без пальто́ и без ша́пки.

17. Rephrase as in the model replacing **потому́ что** (because) with **поэ́тому** (therefore) and making the necessary changes:

Он не пришёл на репети́цию, потому́ что заболе́л.
Он заболе́л, поэ́тому не пришёл на репети́цию.

1. Его́ вчера́ не́ было на заня́тиях, потому́ что он был бо́лен. 2. Я ничего́ не де́лала вчера́, потому́ что у меня́ боле́ла голова́. 3. Весь де́нь мы сиде́ли до́ма, потому́ что шёл до́ждь. 4. Мы не пошли́ гуля́ть, потому́ что бы́ло хо́лодно. 5. Мы верну́лись домо́й, потому́ что пошёл до́ждь.

18. Combine the two sentences in two different ways, once using **потому́ что,** and once using **поэ́тому:**

Он не пришёл на репети́цию. Он заболе́л.
Он не пришёл на репети́цию, потому́ что заболе́л.
Он заболе́л, поэ́тому не пришёл на репети́цию.

1. Я хочу́ есть. Я сего́дня не успе́л(а) пообе́дать.
2. Ли́нда заболе́ла. Она́ сняла́ тёплое пальто́.
3. Я ходи́л(а) к врачу́. Я пло́хо себя́ чу́вствовал(а).
4. Мы верну́лись домо́й. На у́лице ста́ло хо́лодно и пошёл снег.

Е́сли за́втра я бу́ду себя́ чу́вствова́ть хорошо́, я обяза́тельно пойду́ гуля́ть.

19. Е́сли "if" can introduce a clause of real condition. The main clause may be introduced by **то** ("then"), which can be omitted. *(Stage I: XI, 4.0)*

Combine the two sentences as in the model, using **е́сли:**

За́втра я бу́ду себя́ чу́вствова́ть хорошо́. Я пойду́ гуля́ть.
Е́сли за́втра я бу́ду себя́ чу́вствова́ть хорошо́, (то) я обяза́тельно пойду́ гуля́ть.

1. За́втра бу́дет хо́лодно. Мы не пойдём в бассе́йн. 2. В воскресе́нье бу́дет до́ждь. Мы не пое́дем на да́чу. 3. Вы придёте ко мне. Я покажу́ вам но́вые фотогра́фии. 4. За́втра бу́дет хоро́шая пого́да. Мы пое́дем в зоопа́рк.

20. Supply continuations:

Éсли за́втра бу́дет хоро́шая пого́да. . .
Éсли за́втра бу́дет хоро́шая пого́да, мы пое́дем на пля́ж.

1. Éсли ве́чером бу́дет дождь, . . . 2. Éсли я бу́ду хорошо́ себя́ чу́вствовать, . . . 3. Éсли он позвони́т вам, ... 4. Éсли за́втра не бу́дет хо́лодно, ... 5. Éсли за́втра бу́дет жа́рко. . . . 6. Éсли мой друг пое́дет в Москву́, ... 7. Éсли у меня́ бу́дут де́ньги, ...

6 ▶ 21. Supply continuations:

Я пойду́ гуля́ть, éсли . . . .
Я пойду́ гуля́ть, éсли я бу́ду себя́ чу́вствовать хорошо́.

1. Я помогу́ тебе́, éсли. . . . 2. Мы пойдём гуля́ть ве́чером, éсли. . . . 3. Я позвоню́ тебе́, éсли. . . . 4. Они́ прие́дут к нам на да́чу, éсли. . . . 5. Я хочу́ в воскресе́нье пое́хать на пляж, éсли. . . . 6. Ма́ма ку́пит де́тям конфе́ты, éсли. . . .

22. Answer the questions:

1. Что́ ну́жно де́лать, éсли вы больны́?
2. Куда́ на́до пойти́, éсли вы пло́хо себя́ чу́вствуете?
3. Куда́ вы пойдёте ве́чером, éсли у вас бу́дет свобо́дное вре́мя?
4. Что́ вы бу́дете де́лать за́втра, éсли бу́дет до́ждь?
5. Что́ вы бу́детс де́лать в воскресе́нье, éсли бу́дет хоро́шая пого́да?
6. Куда́ на́до пойти́, éсли у вас нет ну́жной кни́ги?

23. Combine the two sentences using one of the following conjunctions **потому́ что, поэ́тому, когда́, éсли** (in some cases, there may be more than one way to combine them):

1. Мо́жет бы́ть, за́втра бу́дет хоро́шая пого́да. Мы пойдём в парк. 2. Он прие́хал в Вашингто́н неда́вно. Он пло́хо зна́ет го́род. 3. Мы сиде́ли до́ма весь ве́чер. Шёл дождь. 4. Мо́жет быть, у меня́ бу́дет свобо́дное вре́мя. Я пойду́ на конце́рт. 5. Мо́жет быть, я бу́ду хорошо́ себя́ чу́вствова́ть. Я приду́ к тебе́ ве́чером. 6. Мо́жет быть, я приду́ ра́но. Я позвоню́ ему́. 7. Он ко́нчит занима́ться. Мы пойдём в столо́вую. 8. Она́ у́чит ру́сский язы́к два го́да. Она́ хорошо́ говори́т по-ру́сски.

7 ▶

> **Éсли бы я оде́лась тепле́е, я бы не заболе́ла.**

24. a. To indicate that the action or condition of an utterance is hypothetical, contrary to fact, "irreal," we use the unstressed particle **бы**. The particle **бы** can be placed either after the first element of the sentence, or immediately after the verb. Grammatically, **бы** requires that the verb be in the past tense, and therefore the **actual** tense of the utterance can be determined only by context. *(Stage I: XV 5.0)*

Éсли бы я хорошó себя́ чу́вствовал, я бы пошёл гуля́ть.
If I felt well *(but I don't)*, I would go for a walk *(but I won't)*.
(or If I had felt well *(but I didn't)*, I would have gone for a walk *(but I didn't)*.)

Éсли бы вчера́ была́ хоро́шая пого́да, мы бы пое́хали на пля́ж.
If there had been good weather yesterday *(but there wasn't)*, we would have gone to the beach *(but we didn't)*.

b.   Rewrite according to the model:

Антóн не пришёл, и я не сказа́ла ему́ об э́том.
Éсли бы Антóн пришёл, я бы сказа́ла ему́ об э́том.

1.   Вы не да́ли мне свóй телефóн, и я вам не позвони́ла.
2.   Мы не доста́ли биле́ты и не пошли́ на премье́ру.
3.   Он не купи́л мне биле́т, и я не пое́хала на вы́ставку.
4.   Они́ не пригласи́ли А́нну, и она́ не пришла́.
5.   Вра́ч не вы́писал реце́пт, и И́ра не купи́ла лека́рство.

25.   Rewrite the sentences as in the model, using **éсли бы не** in the second clause and making all necessary changes:

Я бы позвони́ла тебе́, но я забы́ла твой телефóн.
Я бы позвони́ла тебе́, *éсли бы я не* забы́ла твой телефóн.

1.   Мы бы гуля́ли весь ве́чер в па́рке, но пошёл си́льный дождь.
2.   Мы бы съе́здили на мо́ре, но бы́ло хóлодно.
3.   Я бы тебе́ позвони́л, но я пришёл пóздно.
4.   Óля бы пошла́ с на́ми, но она́ заболе́ла.
5.   Антóн отве́тил бы на твоё письмó, но он потеря́л а́дрес.

26.   Rewrite the sentences as in the model, using **éсли бы** in the second clause and making the necessary changes:

Я бы сказа́ла ему́ об э́том, но он мне не позвони́л.
Я бы сказа́ла ему́ об э́том, *éсли бы* он мне позвони́л.

1.   Мы бы купи́ли шампа́нское, но у нас нé было де́нег.
2.   Я бы пришла́ на премье́ру, но я не зна́ла, что она́ была́ во втóрник.
3.   Он бы пое́хал с на́ми, но мы не позвони́ли ему́.
4.   Они́ бы прие́хали на да́чу, но они́ не зна́ли, как е́хать.
5.   Она́ бы позвони́ла, но она́ не могла́ вспóмнить телефóн.

27.   Rephrase, combining the two sentences into one and using **бы** in both clauses:

Он не хóдит на заня́тия.   Он бóлен.
Он бы ходи́л на заня́тия, éсли бы нé был бóлен.

1. Она́ сейча́с не поёт. У неё боли́т го́рло. 2. Мы сейча́с не хо́дим в библиоте́ку. Она́ сейча́с закры́та. 3. Он не покупа́ет дорого́е вино́. У него́ нет де́нег. 4. Я сейча́с не хожу́ по магази́нам. У меня́ совсе́м нет свобо́дного вре́мени. 5. Он не прихо́дит к нам. Он на нас оби́делся.

8 ▶ 28. a. Identify (circle) the root in each of the words derived from it.

    b. Find the English equivalent.

—свет— light

свет	enlightenment
светло́	to shine *intrans.*
све́тлый	traffic light
свети́ть	light *noun*
освеще́ние	dawn
просвеще́ние	to become light *intrans.*
светофо́р	illumination
рассве́т	(it is) light
светле́ть	light *adj.*

—тём/н— dark

темно́	to become dark *intrans.*
тёмный	eclipse
темнота́	(it is) dark
темне́ть	dark *adj.*
затме́ние	darkness
(со́лнца, луны́)	

    c. Assign each of the words from the two groups above to one of the following categories:

Что́?	Как?	Что́ де́лать? Что́ сде́лать?	Како́й?

29. Complete the sentences with one of the possible continuations:

1. Я бы и не уви́дел тебя́,	. . . е́сли бы ты не принёс биле́ты.
2. Я бы и не поняла́ ничего́,	. . . е́сли бы ты нас не познако́мил.
3. Я бы и не познако́мился с ним,	. . . е́сли бы ты не помогла́ мне.
4. Я бы и не попа́ла в теа́тр,	. . . е́сли бы ты мне не объясни́л.
5. Я бы ничего́ и не сде́лал,	. . . е́сли бы ты не пришёл.
6. Я бы ничего́ и не узна́ла,	. . . е́сли бы ты не рассказа́л мне.

30. a. Recall the use of **что́бы** to introduce clauses of purpose. There are two types of clauses of purpose: 1) when the subject of both clauses is the same (**что́бы + infinitive**), and 2) when the subjects are different (**что́бы + past tense**). *(See Stage I, Unit XIV, 1.0-1.3).*

Мы пошли́ в апте́ку, что́бы купи́ть лека́рство.
Мы пошли́ к врачу́, что́бы он вы́писал реце́пт.

b. **Чтобы́ + past tense** is also used when expressing one person's volition (a wish, desire, request) for **someone else to do something:**

Я хочу́ пое́хать на мо́ре.
Я хочу́, чтобы **он** пое́хал на мо́ре.

c. In reporting requests, commands, wishes, etc., we also use **чтобы́ + past tense.**

Врач сказа́л мне: «Раздева́йтесь.»
Врач сказа́л мне, чтобы́ я раздева́лся.

31. Change the follow to reported speech. (See *Рабо́чая тетра́дь, Уро́к 1, упр. 35.*)

1. Вра́ч сказа́л: «Принима́йте лека́рство три ра́за в день.»
2. Врач сказа́л: «Полежи́те дня три.»
3. Оле́г сказа́л мне: «Не ходи́ без ша́пки.»
4. Ли́нда попроси́ла Ната́шу: «Сходи́ в апте́ку, купи́ лека́рство.»
5. Ми́ша сказа́л Све́те: «Посмотри́ по телеви́зору прогно́з пого́ды на за́втра.»

9 ▶ 32. Continue the dialogues (6-8 lines):

1. (у врача́)
   —До́брый день, до́ктор.
   . . . . .

2. (по телефо́ну)
   —Приве́т, Та́ня! Хо́чешь сего́дня погуля́ть. Пого́да отли́чная.
   . . . . .

3. (в апте́ке)
   —У вас есть лека́рство от на́сморка?
   . . . . .

4. —Ты не зна́ешь, кака́я бу́дет пого́да за́втра?
   . . . . .

5. —Сего́дня о́чень жа́рко и вла́жно на у́лице!
   . . . . .

6. (по́сле пое́здки)
   —Ну, ты дово́лен (дово́льна) пое́здкой?
   . . . . .

33. a. Translate into Russian:
   —What's the matter? (What's with you?) You don't look well today (You look bad today).
   —I don't know. I don't feel so well.
   —What hurts?
   —My head hurts, and I'm really cold.
   —Maybe you have a temperature?
   —Maybe, I don't know.
   —You need to go to the doctor.

b. —I heard that you went to Petersburg.
 —Yes, I was in Petersburg last week.
 —Did you like it?
 —Yes, very much. Petersburg is a very beautiful city.
 —What was the weather like (What kind of weather was there)?
 —At first it was cool, then it got warm.
 —There wasn't any rain?
 —No.
 —You were lucky. It often rains in Petersburg.

10 ▶ 34. Translate into Russian:

I have been sick for a week now, and I'm very bored (it is boring to me). The doctor said I have bronchitis, and told me to stay in bed for two weeks. I've been reading a lot, watching television, and talking (разгова́ривать) on the phone with my friends. Bob stopped by the day before yesterday and brought me a really good (tasty) cake and a bottle of French wine. I can't drink the wine because I'm taking antibiotics. Bob told me all about classes. There was a lecture on Wednesday by a Russian professor about the ecological crisis (экологи́ческий кри́зис) in Russia. Professor Petrov, who is teaching at our university this semester, is a very interesting person. I want to meet him when I feel better. If I feel better tomorrow, I will go to class. Bob said I should stay in bed (stay lying down) a few more days, otherwise I won't get better (recover).

35. Rephrase the sentences, replacing the participle phrase with a **кото́рый** clause:

1. Ло́шадь, вы́леченная до́ктором Айболи́том, поблагодари́ла до́ктора и убежа́ла.
2. Живо́тные, жела́ющие лечи́ться у до́ктора Айболи́та, прихо́дят к нему́ со всех сторо́н.
3. Сестра́ до́ктора Айболи́та, не лю́бящая живо́тных, тре́бовала, что́бы он их прогна́л.
4. До́ктор всегда́ даёт э́то лека́рство де́тям, боле́ющим гри́ппом.
5. Я сходи́ла в магази́н за лека́рством, вы́писанным врачо́м.
6. Врач осмотре́л больно́го, лежа́щего в посте́ли.

11 ▶ 36. We learned in the text «До́ктор Айболи́т» that:

С ка́ждым днём к до́ктору приходи́ло всё бо́льше звере́й и птиц.
Приходи́ли **черепа́хи, лиси́цы,** и **ко́зы,** прилета́ли **журавли́** и **орлы́.** Всех лечи́л до́ктор Айболи́т, но де́нег не брал ни у кого́, потому́ что каки́е же де́ньги у черепа́х и орло́в!

Choose two of the patients from those in bold above and and compose the dialogues that might have taken place between the doctor and his patients (in Russian, of course, not in "animal language"!). (Recall the translation into Russian of the conversation between the doctor and the horse in the reading text!)

12 ▶ **37.** Write a short composition about the last time you or someone in your family (or roommate) was sick. How did you (s/he) get sick? How long were you (s/he) sick? What symptoms did you (s/he) have? Did you (s/he) go to the doctor? What did the doctor recommend? How did you (s/he) keep busy while sick? ETC.

0 ▶ 1. Provide full conjugations for the following verb stems:

интересова́—ся   увлека́й—ся   игра́й-   ката́й-ся

infinitive   past tense
non-past   он
я   мы   она́
ты   вы   оно́
он, она́, оно́   они́   они́

imperative

2. What is a person called who plays the given sport? Form the nouns according to the model:

футбо́л   **футболи́ст**
волейбо́л
баскетбо́л
бейсбо́л
те́ннис
хокке́й
велосипе́д
мотоци́кл
ша́хматы
филатели́я
гита́ра

3. Who does what? Match the words referring to people with the activities on the right:

филатели́ст   е́здит на велосипе́де
баскетболи́ст   игра́ет в те́ннис
рыболо́в   собира́ет ма́рки
шахмати́ст   игра́ет в ша́хматы
коллекционе́р   игра́ет на гита́ре
пловец́   игра́ет в хокке́й
велосипеди́ст   ло́вит ры́бу
теннисит́   игра́ет в баскетбо́л
хоккеи́ст   собира́ет что́-то, коллекциони́рует что́-то
гитари́ст   пла́вает

4. Make up sentences using words from all three columns and inserting the proper prepostions. Remember that for instruments we use **игра́ть на чём** (prepositional) and for sports we use **игра́ть во что** (accusative). The verb **ката́ться на чём** (prepositional) is used with skiis, bikes, skates, boats, etc.

Ли́нда	игра́ть	гита́ра
Са́ша	ката́ться	ша́хматы
Джон		лы́жи
Шёррелл		волейбо́л
Ни́на		коньки́
Ле́на		велосипе́д
Серге́й		труба́
Э́рик		фле́йта
Билл		те́ннис
Джейн		пинг-по́нг

1 ►

> Я занима́юсь бе́гом уже́ не́сколько лет.
> В Москве́ мно́гие увлека́ются бе́гом.
> Ната́ша интересу́ется фотогра́фией.

5. a. The verbs **занима́ться, увлека́ться, интересова́ться** all require the instrumental case. Though these verbs are close in meaning, they indicate various relationships between the subject and a given activity.

Занима́ться is used to refer to an activity that the subject actually participates in. Often it is used in connection with sports and indicates that the subject is not merely a fan but participates in that sport.

Интересова́ться can have a more passive sense, and is equivalent to the English "to be interested in." For example, **она́ занима́ется жи́вописью** means that she actually draws herself, whereas **она́ интересу́ется жи́вописью** doesn't necessarily mean that she actually draws, but that she is interested in painting in general (however, she may actually draw, also).

Увлека́ться is close in meaning to the English "to love something, to be an avid fan of something."

b. Compose sentences choosing items from the three columns. Remember, the verbs **занима́ться, увлека́ться, интересова́ться** all require the instrumental case.

Ли́нда	занима́ться	бег
Са́ша	интересова́ться	ры́бная ло́вля
Наш преподава́тель	увлека́ться	совреме́нная литерату́ра
Шёррелл		футбо́л
Бори́с		му́зыка
Америка́нские студе́нты		пла́вание
Ты		хокке́й
Я		фотогра́фия
Мы		ма́рки

6. Rephrase according to the model:

a. Я увлека́юсь бе́гом. **Я люблю́ бе́гать.**
1. Он увлека́ется пла́ванием. 2. Она́ увлека́ется та́нцами. 3. Они́ увлека́ются пе́нием. 4. Ната́ша увлека́ется фотогра́фией. 5. Де́ти увлека́ются рисова́нием.

b. Я занима́юсь бе́гом. **Я ча́сто бе́гаю.**
1. Он занима́ется пла́ванием. 2. Она́ занима́ется та́нцами. 3. Они́ занима́ются пе́нием. 4. Ната́ша занима́ется фотогра́фией. 5. Де́ти занима́ются рисова́нием.

7. Pose questions that would produce the following sentences:

1. Са́ша сам занима́ется **спо́ртом.** Он лю́бит игра́ть **в хокке́й и в футбо́л.** И он ча́сто хо́дит **на спорти́вные соревнова́ния.** 2. Бори́с увлека́ется **ры́бной ло́влей.** Оп лю́бит **лови́ть ры́бу.** Всё своё свобо́дное вре́мя он прово́дит **на о́зере.** Он ча́сто е́здит с сы́ном **на о́зеро.** 3. Ната́ша интересу́ется **фотогра́фией.** У неё мно́го **интере́сных худо́жественных фотогра́фий.** Мно́гие фотогра́фии Ната́ша сама́ сде́лала **в Сиби́ри.** 4. Я увлека́юсь **бе́гом.** Я люблю́ бе́гать **с друзья́ми.** Мы ча́сто бе́гаем **в па́рке.**

2 ▶ 8. Continue as in the model:

Он увлека́ется фотогра́фией. **Он сам хорошо́ фотографи́рует.**
1. Она́ увлека́ется та́нцами. . . . .
2. Они́ увлека́ются пе́нием. . . . .
3. Ма́льчик увлека́ется рисова́нием. . . . .
4. Де́вочка увлека́ется пла́ванием. . . . .

> Всё своё свобо́дное вре́мя он прово́дит на о́зере.

9. Compose sentences as in the model:

Бори́с   о́зеро   лови́ть ры́бу
Всё своё свобо́дное вре́мя Бори́с прово́дит на о́зере. Он лю́бит лови́ть ры́бу.

1. Оле́г	стадио́н	игра́ть в футбо́л
2. Дже́йн	корт (на)	игра́ть в те́ннис
3. Ива́н	бассе́йн	пла́вать
4. Марли́н	клуб	игра́ть в ша́хматы
5. А́лэн	спортза́л	игра́ть в баскетбо́л
6. Ле́на	парк	бе́гать

10. Insert the proper form of the verb of motion.

пла́вать–плыть

1. Вы уме́ете . . . . . ? 2. Каки́м сти́лем вы . . . . . .? 3. Я то́же люблю́ . . . .
4. —Смотри́те, как бы́стро они́ . . . . . . —Кто . . . . . пе́рвым (Who's (swimming) in front)? — По-мо́ему пе́рвым . . . . . . Джон.

ходи́ть–идти́

1. —Вы уме́ете . . . . . . на лы́жах?
—Нет, я никогда́ не . . . . . на лы́жах, но я хочу́ научи́ться . . . . . . на лы́жах.
2. —Куда́ вы сейча́с . . . . ? —Мы . . . . . на стадио́н. А вы то́же . . . . . на стадио́н? —Нет, я . . . . . в бассе́йн.

бе́гать–бежа́ть

1. Ли́нда ча́сто . . . . . . по утра́м. 2. Она́ о́чень лю́бит . . . . . с друзья́ми.
3. —Смотри́, вот она́ . . . . к нам. Она́ . . . . . . о́чень бы́стро.

е́здить–е́хать

1. Ра́ньше я хорошо́ . . . . . на велосипе́де, но я уже́ давно́ не . . . . . .
2. Смотри́, вот Дэ́вид . . . . . . на велосипе́де. Интере́сно, куда́ он . . . . . .

11. Rephrase according to the model. Remember:
Кто́ интересу́ется че́м? (Who is interested in what?)
Что́ интересу́ет кого́? (What interests whom?)

Джефф интересу́ется жи́вописью.   **Дже́ффа интересу́ет жи́вопись.**
1. Мари́я интересу́ется исто́рией иску́сств.
2. Серге́й интересу́ется теа́тром.
3. Они́ интересу́ются совреме́нной поэ́зией.
4. Са́ша интересу́ется те́хникой (stereo equipment).
5. Его́ сын интересу́ется компью́тером.
6. Она́ интересу́ется наро́дными та́нцами.
7. Он интересу́ется маши́нами.

3 ► **12.** Continue the sentences, choosing from the following:

фотопортре́т, скульпту́ра, рок-му́зыка, италья́нское кино́, францу́зская поэ́зия, класси́ческий бале́т

1. Я интересу́юсь му́зыкой. Меня́ интересу́ет . . . .
2. Джон интересу́ется иску́сством. Его́ интересу́ет . . . .
3. Ната́ша интересу́ется литерату́рой. Её интересу́ет . . . .
4. Э́рин интересу́ется бале́том. Её интересу́ет . . . .
5. Воло́дя интересу́ется фотогра́фией. Его́ интересу́ет . . . .
6. Мы интересу́емся кино́. Нас интересу́ет . . . .

13. Translate into Russian:

    a.   I started swimming again this week. I have been swimming (use занима́ться) for a few years now and swim almost every day. But last month I was sick and didn't swim. Usually, I go to the pool with my friend Anna. Anna swims very well, she has been swimming (use занима́ться) since childhood. At our university there are lots of different groups (се́кции) and clubs. There are groups (се́кции чего́) for aerobics, gymnastics, karate, tennis. Lots of students play football and basketball. Our university football team is very good.

    b.   My friend likes photography (use увлека́ться). He takes photos a lot. He has some really beautiful photos. Not long ago we were at an interesting exhibit of professional photographers. After the exhibit, I told him that he should organize an exhibit of his own works. But he said that he is just an amateur.

14. Provide full conjugations for the following verb stems:

привыка́й-   привы́к[ну]-   отвыка́й-   отвы́к[ну]-
(Note: when the classifer [ну] is enclosed in brackets it indicates that the suffix **-ну-** disappears in the past tense forms: **он привы́к, она́ привы́кла, они́ привы́кли.**)

infinitive		past tense
non-past		он
я	мы	она́
ты	вы	оно́
он, она́, оно́	они́	они́

imperative

4 ▶ **15.** Compose short exchanges as in the model.

    бассе́йн, пла́вать
— **Отку́да ты идёшь?**
— **Я иду́ из бассе́йна.**
— **Ты пла́вал(а)?**
— **Да, я привы́к(ла) пла́вать ка́ждый день.**

    1. парк, бе́гать 2. корт, игра́ть в те́ннис 3. спортза́л, занима́ться аэро́бикой

16. Compose sentences as in the model:

Я, е́здить на велосипе́де
Я уста́л(а), потому́ что я давно́ не е́здил(а) и отвы́к(ла) е́здить на велосипе́де.

    1. Оле́г, пла́вать 2. Ка́тя, занима́ться аэро́бикой 3. Том, ходи́ть пешко́м
    4. Бре́нда, рабо́тать на компью́тере 5. Ли́нда, бе́гать

17. Provide full conjugations for the following verb stems:

уставáй- устáн- надоедáй- надоéсть (*irreg*, like есть to eat)

infinitive   past tense
non-past   он
я   мы   онá
ты   вы   онó
он, онá, онó   они́   они́

imperative

В дéтстве я тóже собирáла мáрки, но потóм мне **надоéло собирáть мáрки, и я началá собирáть** откры́тки, но брóсила и э́то.

18. Compose brief exchanges as in the model:

ты, читáть
— Почемý ты не читáешь?
— Мне надоéло читáть.

1. И́ра, петь 2. Ни́на, танцевáть 3. вы, игрáть 4. он, слýшать 5. А́лэн, рабóтать 6. Дэн, плáвать

5 ▶

Оди́н из нáших преподавáтелей — филатели́ст.

19. Rephrase the sentences replacing the items in bold with the construction **оди́н из** (+ gen. pl.) . . . , **однá из** (+ gen. pl.) . . . in the proper case.

Э́то наш преподавáтель. **Э́то оди́н из нáших преподавáтелей.**

1. Вот бежи́т **моя́ знакóмая.** 2. В клýбе филатели́стов я встрéтила своегó **знакóмого.** 3. В спортзáле мы уви́дели **нáшего преподавáтеля.** 4. Я звони́л **своемý дрýгу.** 5. Я написáла письмó **своéй подрýге.** 6. Недáвно я вспóмнил о **своём дрýге.** 7. Мы ходи́ли на матч с **нáшей знакóмой.** 8. Я éздил на велосипéде с **мои́м дрýгом.**

20. Translate:

In childhood I collected rocks (кáмни). I searched (искáть) for them everywhere. I collected an enormous collection, and I had a lot of beautiful rocks. But I got tired of collecting rocks and I took up (use увлéчься) sports and forgot about my collection. Not long ago one of my friends saw my collection and said that it was worth a lot (it "cost" a lot).

Джон **играет на гитаре и на рояле и собирает** записи, пластинки, диски.

А другие любят смотреть спортивные передачи по телевизору.
Саша сам играет в футбол и в хоккей, он страстный болельщик и ходит на все
матчи, когда играют его любимые команды.

21. Insert the words in parentheses in the correct case and with the proper preposition, **в** or **на**:

Мой сосед любит играть . . .(шахматы).   **Мой сосед любит играть в шахматы.**
Мой сосед играет . . .(гитара).   **Мой сосед играет на гитаре.**

1. Мой брат играет . . . (кларнет). 2. Каждый день я играю . . .(футбол).
3. Вчера мы долго играли . . . . . (теннис). 4. Джон хорошо играет . . . .
(рояль). 5. Билл любит играть . . . (хоккей). 6. Кристина с детства играет . . .
(скрипка). 7. Я не умею играть . . . . (карты).

22. Complete the sentences using the words in parentheses and the preposition **по + dative.**

1. Он — мастер спорта . . . . . (бокс). 2. Это наш тренер . . . . (волейбол).
3. Где проходит тренировка . . . . . . (гимнастика)? 4. Вы не знаете, кто стал
чемпионом мира . . . . (шахматы)? 5. Мы часто ходим на соревнования . . . . .
(плавание). 6. Вчера были соревнования . . . . . (теннис).

6 ▶ 23. Combine the two sentences with **который** in the correct form.

Джон играет в команде.   Она в прошлом месяце ездила в Бостон.
                           В ней раньше играл один из моих знакомых.
                           В ней мой брат был тренером.
                           С ней недавно играла наша команда.
                           О ней недавно писали в университетской газете.

24. Insert the proper form of the verb **играть-сыграть** (to play), **проиграть** (to lose),
выиграть (to win).

Вчера Саша был на стадионе. . . . . . . команды «Динамо» и «Спартак».
Динамовцы . . . . . . плохо, и . . . . . . со счётом 1:3. «Спартак» . . . . . . в этом
матче. Саша думает, что сейчас это лучшая команда. В этоме сезоне она . . . . . .
очень хорошо. Команда . . . . шесть матчей, ... только один матч.

25. Translate:

a. In our family everyone loves (use увлекаться) music. My grandfather was a
    professional musician. He played the piano. My father is an amateur muscian. He
    works in a bank, but all his free time he spends in the jazz club. He plays the saxaphone.

My brother plays the flute very well. My sister plays the piano. I used to play the piano too, but I got sick of it and quit. Now I just play the guitar. My mother has a beautiful voice and she sings well.

b. In our family we all play sports (use занима́ться). We are used to running every morning. My brother likes volleyball and plays on the university team. We go to all of his team's games. The university team is very strong. In this season (сезо́н) they lost only once (one time). My sister does gymnastics. Not long ago she was in (partcipated in) a competition and took (заня́ть) second place. I used to ride my bike everyday, but now I like to rollerskate better. I go everywhere (повсю́ду) on rollerskates, and sometimes it seems that I have forgotten (use отвы́кнуть) how to walk!

7 ▶ 26. Compose sentences as in the model:

чемпиона́т ми́ра, фигу́рное ката́ние
Мы смотре́ли по телеви́зору чемпиона́т ми́ра по фигу́рному ката́нию.

1. соревнова́ния, гимна́стика
2. матч, волейбо́л
3. междунаро́дный матч, хокке́й
4. чемпиона́т ми́ра, пла́вание

27. Compose questions that could produce the following answers:

1. . . . . ? —Да, я **давно́** занима́юсь спо́ртом.
2. . . . . ? —Я игра́ю **в те́ннис.**
3. . . . . ? —Мой друг игра́ет **в футбо́л.**
4. . . . . ? —Да, я **был** вчера́ на ма́тче.
5. . . . . ? —Вы́играла **на́ша кома́нда.**
6. . . . . ? —Проигра́ла **кома́нда Теха́ского университе́та.**
7. . . . . ? —Счёт **был 5:2.**

28. Compose sentences as in the model. (Remember, the verb **боле́ть** (stem боле́й-) is used with **за** + accusative to mean "to root for someone".)

Оле́г, кома́нда «Спарта́к»
Оле́г боле́ет за кома́нду «Спарта́к».

1. Я, кана́дская кома́нда 2. Ше́ррелл, университе́тская кома́нда 3. Они́, фи́нская кома́нда 4. Ната́ша, кома́нда «Янкиз» 5. Джон, кома́нда «Ред со́кс» 6. Мы, америка́нский тенниси́ст

8 ▶ 29. Compose sentences as in the model (the score is given in the same order as the teams):

Дина́мо, Спарта́к, 1:3
Дина́мо проигра́ло со счётом оди́н три. Спарта́к вы́играл со счётом три оди́н.

1. На́ша кома́нда, их кома́нда, 4:2   2. фи́нские футболи́сты, кана́дские футболи́сты, 5:4 3. америка́нские баскетболи́сты, че́шские баскетболи́сты, 150:49 4. ру́сские хоккеи́сты, шве́дские хоккеи́сты, 7:4

30. Insert the proper form of the verb with or without the reflexive particle **-ся**. (Remember: without the reflexive particle **-ся**, these verbs are transitive and can take a direct object in the accusative case. With the relflexive partivle **-ся**, a direct object in the accusative case is impossible and the compliment is **с** + instrumental case.)

ви́деть-ви́деться
1. Я не могу́ вспо́мнить, где я . . . . . . э́того спортсме́на. По-моему, мы с ним где-то . . . . 2. Я ча́сто . . . . . . со свои́ми друзья́ми, но не́сколько лет я не . . . . Ле́ну.

встре́тить-встре́титься
1. Мы договори́лись . . . . на стадио́не. У вхо́да на стадио́н я случа́йно . . . . своего́ ста́рого дру́га. 2. Где и когда́ мы с тобо́й . . . . ? 3. Когда́ она́ шла на трениро́вку, она́ . . . . . . свою́ знако́мую.

познако́мить-познако́миться
1. Где вы с ним . . . . . . ? Мы . . . . . . с ним в спортза́ле. Нас . . . . . . мой друг. 2. Я хочу́ . . . . с ва́шим тре́нером. Вы мо́жете меня́ с ним . . . . . . ?

31. The conjunction **что** (unstressed) is used when reporting a fact, opinion, etc. The conjunction **чтобы** is used in clauses of purpose. *(See Unit 8, Рабо́чая тетра́дь, Уро́к 8, упр. 30.)* Recall that one of its functions is to express volition when the subjects of the two clauses are different (ie. to express the wish, request, advice of one person for someone else to do something). *(Stage One: Unit XIV, 1.0)*

Rephrase using reported speech.
О́ля сказа́ла мне: «Я не пойду́ сего́дня в бассе́йн.»
О́ля сказа́ла мне, что она́ сего́дня не пойдёт в бассе́йн.

Он сказа́л мне (он попроси́л меня́): «Принеси́ сего́дня мяч.»
Он сказа́л (попроси́л), чтобы я принёс мяч.

1. Серге́й сказа́л мне: «Сего́дня по телеви́зору бу́дет интере́сная переда́ча.»
   Серге́й сказа́л мне: «Посмотри́ сего́дня э́ту переда́чу.»
2. Она́ сказа́ла Серге́ю: «Я бу́ду тебя́ жда́ть у вхо́да в бассе́йн.»
   Она́ попроси́ла Серге́я: «Подожди́ меня́ у вхо́да в бассе́йн.»
3. Ми́ша сказа́л нам: «Вы мо́жете дое́хать до стадио́на на э́том автобусе.»
   Ми́ша попроси́л нас: «Объясни́те мне, как дое́хать до стадио́на.»
4. Ма́ша сказа́ла: «Я уже́ купи́ла тебе́ биле́т на э́тот матч.»
   Ма́ша попроси́ла меня́: «Купи́ мне биле́т на э́тот матч.»
5. Сын сказа́л отцу́: «Я не уме́ю игра́ть в ша́хматы.»
   Сын попроси́л отца́: «Покажи́ мне, как игра́ть в ша́хматы.»

9 ▶ 32. Insert either **что** or **чтóбы:**

1. Ты знáешь, ... сегóдня по телевúзору соревновáния по гимнáстике. Я óчень хочý, ... вúиграла нáша гимнáстка.

2. Мне кáжется, ... я ужé вúдел эту вúставку. Я óчень хочý, ... вы посмотрéли эту вúставку.

3. Он попросúл меня, ... я показáла ему, как игрáть в кáрты. Он сказáл, ... он не умéет игрáть в кáрты.

4. Натáша сказáла, ... онá ужé сфотографúровала нáшу грýппу. Натáша попросúла меня, ... я сфотографúровал её с Джóном.

33. Continue the dialogues (6-8 lines):

1. —Смотрú, я купúл(а), нóвый плакáт.
   . . . .

2. —Давáй зайдём в магазúн «Мелóдия.» Я ищý однý пластúнку.
   . . . .

3. —Привéт, Рóберт. Я и не знал, что ты éздишь на велосипéде.
   . . . . .

4. —Ты занимáешься спóртом?
   . . . .

5. —Привéт, Сергéй. Ты идёшь на стадиóн?
   . . . .

6. —Ты бýдешь сегóдня смотрéть Олимпúйские úгры?
   . . . .

10 ▶ 34. Insert the word **дéньги** (always plural) in the proper case as required by context:

«. . . . . — это не сáмое глáвное в жúзни, — так говорúт моя мáма, — глáвное — это здорóвье.» Но бéз . . . . жить трýдно, а с . . . . легкó. Хорошó, когдá не нáдо дýмать о . . . . А покá мне прихóдится считáть . . . . и бéрежно относúться к . . . .

35. Insert the word **дéти** in the proper case as required by context:

Чéхов расскáзывает о . . . ., котóрые игрáют в лоттó. Óчень интерéсно наблюдáть за . . . ., когдá онú игрáют. Кáждый из . . . . игрáет по-своéму. С сáмым бóльшим увлечéнием игрáет Грúша, он игрáет тóлько из-за дéнег. Мáленького Алёшу мáло интересýет игрá, емý нрáвятся спóры и ссóры, котóрые чáсто бывáют во врéмя игрú. Равнодýшно отнóсится к чужúм успéхам кухáркин сын Андрéй. Емý прóсто óчень нрáвятся цúфры.
Пó столý бежúт таракáн.
—Не бéй егó, —говорúт Алёша. —У негó мóжет быть есть . . . ., и он бежúт к свойм. . . . .
Сóня смóтрит на таракáна и дýмает о егó . . . .

(Note that the noun **дéти** is always plural. When we want to indicate 2, 3, or 4 children, we use the collective numerals **двóе, трóе, чéтверо** + genitive plural: **В нáшей семьé трóе детéй.**)

36. Find the word in the right-hand column that is close in meaning to the one on the left from the text «Детвора́»:

аза́рт	тарака́н
куха́рка	то́лько
исключи́тельно	спор, ссо́ра
недоразуме́ние	по́вар
безуча́стно	увлече́ние
пруса́к	равноду́шно

37. Note the possisive adjective form **куха́ркин** that appears in the reading text «Детвора́». These possessive adjectives are colloquial and are formed by adding the suffix **-ин** plus the gender/number marker. Form the possessive adjectives (m., f., n., pl.) from the following nouns as in the model, and choose 3-4 nouns that they can modify.

куха́рка   куха́ркин сын, стол, дом . . . . . .
                 куха́ркина дочь, ко́мната, ча́шка, ...
                 куха́ркино письмо́, окно́, пальто́, пла́тье . . . . . .
                 куха́ркины де́ти, де́ньги, ве́щи . . . . . .

хозя́йка, де́душка, ба́бушка, вну́чка

11 ▶ **38.** Replace the participle constructions with **кото́рый** clauses, making all necessary changes.

1. Де́ти, сиде́вшие в столо́вой за обе́денным столо́м, игра́ли в лотто́.
2. Со́ня, де́вочка лет шести́, игра́ющая ра́ди проце́сса игры́, хохо́чет и хло́пает в ладо́ши.
3. Куха́ркин сын Андре́й мечта́тельно смо́трит на ци́фры и на дете́й, игра́ющих в лотто́.
4. Со́ня смо́трит на пруса́ка, бегу́щего через стол, и ду́мает о его́ де́тях.
5. Де́ти спят, и круго́м валя́ются копе́йки, потеря́вшие свою́ си́лу до но́вой игры́.
6. Со́ня, вы́игравшая па́ртию, о́чень дово́льна.

39. a.   Translate into Russian:

—Hi, how are things?
—Hi. So-so. I don't feel so well.
—Does something hurt?
—No, nothing hurts, I'm just very tired.
—Do you exercise (participate in sports)?
—No, I don't have any free time.
—That's bad. I started to swim not long ago and I feel a lot better now.
—I don't know how to swim.
—Then you should start running (to run) or ride a bicycle.

b. —Hi!

—Hello. Where are you going?

—I'm going to the swimming pool?

—The pool? You don't like to swim!

—That's true, I don't like it. But today there is a swim competition and my friend is participating.

—So you're going to root for him (her)?

—Yes, of course.

c. —What's that music? (Что́ э́то за му́зыка?)

—That's my neighbor playing. He plays the guitar very well.

—Is he a musician?

—No, he's not a professional musician, just an amateur. Do you play the guitar?

—No, I don't play anything, but I really love to listen to music.

—Do you want me to introduce you to him?

—Yes, I would like to meet him.

12 ▶ 40. Write a brief composition (1-2 pages) about what you like to do in your free time. You might answer some (or all) of the following questions:

1. Вы занима́етеся спо́ртом?
2. Каки́м ви́дом спо́рта вы занима́етесь?
3. Вы уме́ете пла́вать? е́здить на велосипе́де? игра́ть в ша́хматы?
4. Вы лю́бите смотре́ть спорти́вные соревнова́ния по телеви́зору? Каки́е?
5. Вы ча́сто хо́дите на ма́тчи и соревнова́ния?
6. Есть ли у вас люби́мая кома́нда? Кака́я?
7. Чем вы увлека́етесь сейча́с?
8. Чем вы увлека́лись в де́тстве?
9. Вы когда́-нибудь что́-нибудь коллекциони́ровали?
10. Вы уме́ете на чём-нибудь игра́ть?

0 ▶ 1. a. Identify (circle) the root in each of the words derived from it.

b. Find the English equivalents.

—**ПУТ**— way, path, road

путь	guidebook
путеше́ствие	path, way
путеше́ственник	trip
путеше́ствовать	1). travelling companion 2). satellite
путеводи́тель	traveller
спу́тник	to travel

—**ВИД**— see, view, vision, appearance

вид	1. visible, 2. prominent
ви́деть-уви́деть	to predict, to forsee
ви́дный	(short form adjective) visible
ви́ден, видна́, видно́, видны́	apparently
ви́димо	to see
ви́димый	witness
предви́деть	1. view (на го́род, на мо́ре), 2. appearance
свиде́тель	(вне́шний вид personal appearance)

c. Translate:

Я люблю́ . . . . (to travel). 2. В Вашингто́не мы купи́ли хоро́ший . . . .(guidebook). 3. Когда́ мы плы́ли по Во́лге на теплохо́де, у нас бы́ли интере́сные . . . . (travelling companions) и бы́ло о́чень ве́село. 4. Мой друг стра́стный . . . . (traveller). 5. Наш . . . . (path, way) на верши́ну горы́ был тру́дный и до́лгий.

d. Translate:

1. Он . . . . (prominent) учёный. 2. Мне ничего́ не . . . . (visible) отсю́да. 3. Он . . . . (witness), что я не винова́т (guilty).
4. Он . . . . (saw) её вчера́ в саду́. 5. Отту́да о́чень краси́вый . . . . (view) на го́род. 6. Она́ всё понима́ет, она́ всё . . . . (sees). 7. . . . . (Apparently), они́ не приду́т, уже́ о́чень по́здно. 8. Из окна́ гости́ницы хорошо́ . . . . . . (visible) мо́ре. 9. Отсю́да . . . . (visible) сте́ны монастыря́.

2. Provide full conjugations for the following verb stem:

путешéствова-

infinitive		past tense
non-past		он
я	мы	онá
ты	вы	онó
он, онá, онó	они́	они́

imperative

3. a. Compose adjective-noun combinations choosing from each of the two columns.
    b. Make up sentences with each of your combinations. For example: **Мы éздили на огрóмный óстров. Мы ви́дели огрóмный óстров. Нам óчень понрáвился огрóмный óстров. . . . .**

интерéсный	мóре
бéлый	нéбо
огрóмный	óстров
краси́вый	мост
стáрый	дом
кáменный	чáсть гóрода
деревя́нный	сóлнце
сéрый	нóчи
голубóй	бáшня
зелёный	стéны
замечáтельный	пáмятник
высóкий	бéрег

1 ▶ 4. Compose sentences as in the model, using the preposition **по + dat.**:

Шéррелл   путешéствовать   Волга
Шéррелл путешéствовала по Вóлге.

Мы	гуля́ть	лес
Мы с роди́телями	путешéствовать	Еврóпа
Мои́ друзья́	éздить	Соловéцкие островá
Нáша грýппа	ходи́ть	гóры
Моя́ сосéдка		Крым
Мы с брáтом		стáрые рýсские городá
Мой профéссор		стрáны Бли́жнего Востóка
Ли́нда		Урáл
Áлан		Петербýрг
Джон		Сиби́рь
Брéнда		Срéдняя Áзия

Джон éздил на Байкáл, Áлан летáл на Урáл.

5. Compose short exchanges according to the model:

Джон, Нью Йóрк
— **Ты не знáешь, где был Джон?**
— **Он éздил в Нью Йорк.**

1. Сергéй, Гавáйские островá 2. Áнна, Вашингтóн 3. Билл, Аризóна
4. Егó отéц, Аляска 5. Её сестрá, Канáда

6. Compose questions and answer them as in the model, providing reasons for why you didn't go anywhere:

вы, éздить, лéтом
— **Кудá вы éздили лéтом?**
— **Я никудá не éздил, потомý что мне нáдо бы́ло рабóтать дóма (у меня́ нé было дéнег. . .).**

онá, ходи́ть, вчерá вéчером
— **Кудá онá ходи́ла вчерá вéчером?**
— **Онá никудá не ходи́ла, потомý что у неё болéла головá (у неё нé было свобóдного врéмени . . .).**

1. ты, ходи́ть, сегóдня ýтром 2. Йра, éздить, на прóшлой недéле 3. Антóн, éздить, во врéмя кани́кул 4. вы, ходи́ть, вчерá вéчером 5. Ваш сосéд, éздить, в прóшлом мéсяце

2 ▶ 7. Compose sentences as in the model:

Я́лта, мóре
В Я́лте мне осóбенно понрáвилось мóре.

1. Сиби́рь, лес 2. Соловéцкие островá, бéлые нóчи 3. Пари́ж, музéи
4. Вашингтóн, Национáльная галерéя 5. Гавáйские островá, пля́жи 6. Петербýрг, пáмятник Петрý Пéрвому («Мéдный всáдник») 7. Прáга, стáрая часть гóрода

8. Write questions and answers as in the model, choosing from the three columns. Remember довóлен, довóльна, довóльны + чем-кем:

— **Вы довóльны поéздкой?**
— **Да, мы довóльны. Нам бы́ло интерéсно.**
  (or —**Нет, мы не довóльны. Нам бы́ло неинтерéсно.)**

Бори́с	экску́рсия	интере́сно
Ма́ша	путеше́ствие	ску́чно
Ты	пое́здка	ве́село
Джон	о́тдых	хорошо́
Са́ша	вчера́шний день	замеча́тельно
Ната́ша	кани́кулы	отли́чно
Ка́рен		пло́хо
Вы		чуде́сно
		прекра́сно
		отврати́тельно

9. Translate into Russian:

This summer I vacationed with my parents. We went to the ocean (seashore). We were in Hawaii (on the Hawaiian Islands). I am very pleased (satisfied) with my trip (vacation). Everything was wonderful. We stayed (lived) in a nice (good) hotel on the shore. I especially liked the sea. I never saw such a blue sea in my life. It was so nice there, that we didn't go anywhere and I was on the beach all the time. I swam a lot.

3 ▶ **10.** Compose sentences according to the model:

краси́вый лес
Како́й краси́вый лес! Я никогда́ не ви́дел(а) тако́го краси́вого ле́са.

1. огро́мное со́лнце 2. высо́кие го́ры 3. голубо́е мо́ре 4. чи́стое не́бо
5. интере́сный па́мятник 6. большо́й мост 7. чуде́сный бе́рег 8. замеча́тельные цветы́

11. Compose six sentences (use the words in the first column twice) as in the model, choosing from the three columns. (Note the use of neuter adjectives **са́мое замеча́тельное**. This is roughly equivalent to the English "The *greatest (best) thing* . . . .")

Пое́здка была́ замеча́тельная. Но са́мое замеча́тельное — э́то монасты́рь.

пое́здка	замеча́тельный	монасты́рь
путеше́ствие	чуде́сный	авто́бусная экску́рсия
о́тдых	прекра́сный	мо́ре
	ску́чный	бе́рег
	интере́сный	экску́рсия по го́роду
	неинтере́сный	бе́лые но́чи

12. Compose sentences as in the model:

удиви́ть = to surprise, amaze **порази́ть** = to astound, amaze

Кавка́з, го́ры
Я е́здил(а) на Кавка́з. На Кавка́зе мне понра́вилось. Там меня́ удиви́ли (порази́ли) го́ры.

1. Приба́лтика, пля́жи 2. дере́вня, о́зеро 3. Ура́л, ка́мни 4. Петербу́рг, бе́лые но́чи 5. Крым, мо́ре 6. Сиби́рь, лес 7. Вашингто́н, Национа́льная галере́я
8. Филаде́льфия, музе́й Роде́на

4 ▶

До Арха́нгельска мы е́хали по́ездом, от Арха́нгельска
на Солове́цкие острова́ **лете́ли на ма́леньком самолёте.**

13. Compose sentences as in the model:

Я́лта, Симферо́поль, лете́ть-самолёт, е́хать-маши́на.

**Мы отдыха́ли в Я́лте. Мы лете́ли до Симферо́поля на самолёте, а от
Симферо́поля до Я́лты мы е́хали на маши́не.**

1. дере́вня, райо́нный це́нтр, е́хать-по́езд, е́хать-маши́на
2. Поле́ново, Се́рпухов, е́хать-по́езд, плыть-ло́дка
3. Ре́пино, Петербу́рг, лете́ть-самолёт, е́хать-авто́бус
4. А́страхань (f.), Волгогра́д, е́хать-по́езд, плыть-теплохо́д
5. Полта́ва, Ки́ев, лете́ть-самолёт, е́хать-авто́бус

Бре́нда **съе́здила** в Петербу́рг.
Мы **сходи́ли** на тот о́стров, там о́чень краси́во.

14. Note: The prefix "с-" when added to the multidirectional verbs **ходи́ть** and **е́здить** renders a perfective verb with a non-spatial meaning. (The aspect pairs are **ходи́ть-сходи́ть, е́здить-съе́здить** and there is no alternation of **е́зди-** to **езжа́й-**.) In this case the perfective verb has the meaning of motion **there and back,** often with a specific goal in mind. For example: **Ка́ждое у́тро она́ ходи́ла за хле́бом. Сего́дня у́тром она́ уже́ сходи́ла за хле́бом. Ка́ждое ле́то они́ е́здили на мо́ре отдыха́ть. Э́тим ле́том они́ съе́здил на мо́ре.** The use of the verbs **сходи́ть** and **съе́здить** in the **past tense** to indicate a round trip instead of the simple **ходи́ть** and **е́здить** imparts an extra nuance — that a specific goal or intention was fulfilled. An intended round trip **in the future** can be rendered only by the use of the perfective verbs **сходи́ть** and **съе́здить. Я сейча́с схожу́ в магази́н за хле́бом.** (I will go to the store for bread.) **Я съе́зжу к роди́телям в суббо́ту.** (I will go visit my parents on Saturday (and will come back on Saturday).)

(The prefix "с-" when added to verbs of motion can have a spatial meaning as well, indicating motion *downward* or *off of*. With a spatial meaning, the aspectual pair with the prefix "с-" is formed like all other prefixed verbs of motion: **сходи́ть-сойти́, съезжа́ть-съе́хать.** For example: **Обы́чно, он сходи́л вниз по ле́снице пешко́м.** (He usually went down the stairs by foot, ie. didn't use the elevator.) **Сего́дня он то́же сошёл с седьмо́го этажа́ пешко́м.** (Today he also walked down from the seventh floor). **Де́ти съезжа́ли с горы́ на са́нках.** (The children were going down the hill on sleds.) **Я то́лько оди́н раз съе́хал с э́той горы́.** (I went down that mountain only once.) These verbs pair are not very common, and they are not dealt with in this textbook.)

15. Provide full conjugations for the following verb stems:

ходи́-   сходи́-   е́зди-   съе́зди-

infinitive   past tense
non-past   он
я   мы   она́
ты   вы   оно́
он, она́, оно́   они́   они́

imperative

16. Compose sentences as in the model:

a.   я, Петербу́рг, про́шлая неде́ля
**Я давно́ хоте́л(а) пое́хать в Петербу́рг, и наконе́ц, на про́шлой неде́ле
съе́здил(а) туда́.**

1. Джон, Су́здаль, про́шлый ме́сяц 2. Ка́рен, Ки́ев, ию́нь 3. Бори́с, Нью
Йо́рк, ле́то 4. И́ра, Аризо́на, весна́ 5. мы, Япо́ния, зима́ 6. я, Гава́йские
острова́, сентя́брь

b.   я, музе́й Пикассо́, вчера́
Я давно́ хоте́л(а) пойти́ в музе́й Пикассо́, и наконе́ц, вчера́ я сходи́л(а) туда́.

1. Бэ́тси, Третьяко́вская галере́я , среда́ 2. Ки́ра, му́зей Пу́шкина, позавчера́
3. Оле́г, музе́й Гуггенха́йма, суббо́та 4. мы, Метрополи́тен, воскресе́нье
5. я, Эрмита́ж, вто́рник

5 ▶ 17. Compose sentences as in the model:

a.   сходи́ть
я, Национа́льная галере́я, по́сле обе́да
**Я хочу́ показа́ть вам Национа́льную галере́ю. Е́сли вы свобо́дны, дава́йте
схо́дим туда́ по́сле обе́да.**

1. он, Эрмита́ж, сего́дня у́тром 2. они́, Третьяко́вская галере́я, сего́дня
ве́чером   3. мы, музе́й Смитсо́ниан, за́втра 4. она́, Ру́сский музе́й, четве́рг
5. я, аква́риум, суббо́та

b.   съе́здить
я, Ре́пино, воскресе́нье
**Я хочу́ показа́ть вам Ре́пино. Е́сли вы свобо́дны, дава́йте съе́здим в
воскресе́нье.**

1. мы, зоопа́рк, суббо́та 2. они́, мо́ре, пя́тница 3. Джон, о́зеро, вто́рник
4. она́, лес, четве́рг 5. он, Новоде́вичий монасты́рь, понеде́льник

18. Translate into Russian:

Last week friends of mine came to visit from Petersburg. We decided to go to Arizona, to the Grand Canyon (Большо́й Каньо́н). We flew (in an airplane) to Pheonix (Фи́некс). There we rented (взя́ли на прока́т) a car and we drove (in the car) to the Grand Canyon. I myself had never been at the Grand Canyon. I never saw such beauty in my life. My friends really liked our trip.

6 ▶

> Мы немного походи́ли по ста́рой ча́сти го́рода.
> Мы проходи́ли це́лый день по ста́рой ча́сти го́рода.

19. When the prefix **по-** is added to multi-directional verbs of motion, a perfective verb is formed that indicates that the action was/will be limited in time: **походи́ть** to walk for a little while, **пое́здить** to ride around for a little while, **побе́гать** to run for a little while, **попла́вать** to swim for a little while. Note that the multi-directional nature of the action is preserved. This prefix по- is added to other verbs as well to indicate the limiting of a given action in time: **почита́ть** to read for a little while, **погуля́ть** to stroll around a little while, **посиде́ть** to sit for a little while, **поспа́ть** to sleep for a little while. Recall that when the prefix **по-** is added to uni-directional verbs of motion the result is also a perfective verb, but with different meanings: 1) beginning of the action **Он вста́л и пошёл к две́ри.** 2) the beginning of a new stage in the direction, such as a change in direction or speed of action **Она́ шла ме́дленно, пото́м пошла́ бы́стрее.** 3) intention in the future **Сего́дня мы пойдём в кино́.** 4) an indication of the probable location of a given person **—Где Бори́с? —Он пошёл в апте́ку.** *(See Unit 2; Stage I: Analysis Unit XII, 2.3)*

20. Compose sentences as in the model, using the verbs **походи́ть** and **пойти́**:

мы, ста́рая часть го́рода, рестора́н
Мы походи́ли по ста́рой ча́сти го́рода и пошли́ в рестора́н.

1. они́, па́рк, музе́й 2. Степа́н, це́нтр го́рода, магази́н 3. О́ля, бе́рег мо́ря, аква́риум 4. я, монасты́рь, гости́ница 5. мы, зоопа́рк, кино́

21. Compose sentences as in the model:

мы, е́здить-е́хать, ста́рая часть го́рода, рестора́н
Мы пое́здим по ста́рой ча́сти го́рода и пое́дем в рестора́н.

1. я, ходи́ть-идти́, парк, мо́ре 2. мы, е́здить-е́хать, центр го́рода, теа́тр
3. я, е́здить-е́хать, магази́ны, гости́ница 4. мы ходи́ть-идти́, музе́й, кафе́
5. я, ходи́ть-идти́, вы́ставка, бассе́йн

22. The prefix **про-** when added to the multidirectional verbs **ходи́ть** and **е́здить** renders a perfective verb with a temporal and not a spatial meaning. (The aspect pairs are **ходи́ть-проходи́ть, е́здить-прое́здить** there is no alternation of **е́зди-** to **езжа́й-**.) In this case the perfective verb has the meaning that, from the point of view of the speaker, the motion was very long. Most often the time period over which the motion took place is indicated (in the accusative case) and often words indicating the lengthiness of the action are used, such as **весь день, цéлый час.** For example: **Мы хотéли немнóго походи́ть по вы́ставке, но бы́ло так интерéсно, что мы проходи́ли там цéлый час. Дéти пробéгали по сáду всё у́тро.**

(The prefix "**про-**" when added to verbs of motion can have a spacial meaning as well, indicating motion *through, past,* or *forward.*   With a spatial meaning, the aspectual pair with the prefix "**про-**" is formed like all other prefixed verbs of motion: **проходи́ть-пройти́, проезжáть-проéхать.** For example: **Кáждый день я прохожу́ ми́мо вáшего дóма. Вчерá я прошлá ми́мо вáшего дóма. Он чáсто проезжáл свою́ останóвку. Вчерá он проéхал свою́ останóвку.** This meaning of the prefix **про-** is included in *Unit 2.*)

23. Compose sentences as in the model, using the verbs **походи́ть** and **проходи́ть:**

Мэ́ри, музéй, цéлый день
Мэ́ри хотéла походи́ть немнóго по музéю, но ей там так понрáвилось, что онá проходи́ла цéлый день.

1. я, зоопáрк, полдня́   2. они́, вы́ставка, всё у́тро   3. Джефф, монасты́рь, вéсь вéчер   4. Кри́сти, магази́н, два часá   5. мы, парк, три часá

24. Insert the correct verb as required by context in the correct form: **походи́ть** or **проходи́ть, поéздить** or **проéздить.**

1.   У нас бы́ло óчень мáло врéмени, и мы . . . . по вы́ставке тóлько полчасá.
2.   Вы́ставка былá такáя интерéсная, что мы . . . . там цéлый день.
3.   У́тром на маши́не Джеффа мы совсéм немнóго . . . . по стáрой чáсти гóрода.
4.   Мы . . . . на маши́не цéлый вéчер по цéнтру гóрода.
5.   Мы опáздывали на обéд, и поэ́тому совсéм немнóго . . . . по пáрку.
6.   Вчерá бы́ло так теплó, что мы . . . . цéлый день по пáрку.

7 ▶   Мнóгие из нас **привезли́** из поéздок фотогрáфии, слáйды, откры́тки.

25. Compose questions and answers according to the model:

Петербу́рг, интерéсный, пласти́нка
— **Что вы привезли́ из Петербу́рга?**
— **Я привёз интерéсную пласти́нку.**

1. Урáл, краси́вый, амети́ст   2. Итáлия, золотóй, кольцó   3. А́фрика, деревя́нный, статуэ́тка   4. Байкáл, богáтый, коллéкция камнéй   5. Амéрика, замечáтельный, фотогрáфии

26. Compose sentences as in the model, saying who brought what for whom from where:

Оте́ц, сын, ма́йка, Ло́ндон
Оте́ц привёз сы́ну ма́йку из Ло́ндона.

1. Мой друг, я, попуга́й, А́фрика   2. Мать, мы, плака́ты, Пари́ж   3. Моя́ подру́га, своя́ сестра, кольцо́, Ита́лия   4. Ива́н, И́ра, амети́ст, Ура́л   5. Мы, роди́тели, карти́на, И́ндия   6. Они́, мы, кни́ги, Москва́   7. Я, вы, пласти́нки, Петербу́рг

За э́тими сте́нами **видны́** бе́лые пра́здничные собо́ры.

27. Continue the sentences, choosing from the words on the right and inserting the correct form of **ви́ден, видно́, видна́, видны́.**

С горы́. . . . . .
С горы́ ви́ден весь го́род.

Со стен монастыря́. . . .	всё о́зеро
Со смотрово́й площа́дки. . . .	вся ста́рая ча́сть го́рода
С ба́шни.	все собо́ры Кремля́.
С моста́.	вся на́бережная.
С после́днего этажа́. . . .	весь Петербу́рг.
С Иса́акиевского собо́ра.	все го́ры.
С Воробьёвых гор. . . .	весь о́стров.

8 ▶ **28.** Translate into Russian:

Yesterday I got back from Italy. We were there for only a week. We flew into Rome (Рим) on Saturday. The first day (в пе́рвый день) we rode around Rome for a little while in the morning and then we went to Florence (Флоре́нция) on a bus. I really liked Florence. We walked around the city all day long. We returned to the hotel late at night. On Wednesday we went to Venice (Вене́ция).   The most amazing thing in Venice is the canals.   I brought a lot of photographs from the trip. I am very pleased with the trip.

Вчера́, **собра́вшись** у Джо́на, мы це́лый ве́чер расска́зывали друг дру́гу о свои́х путеше́ствиях.

29. Rewrite the sentences, replacing the gerunds with a verb phrase. *(See Appendix XIV; Stage I: Analysis XVI: 2.0–2.2.)*

a. Собра́в свои́ ве́щи, мы пое́хали на вокза́л.
Когда́ (По́сле того́, как) мы собра́ли свои́ ве́щи, мы пое́хали на вокза́л.

1. Подня́вшись на́ гору, мы реши́ли отдохну́ть.
2. Пообе́дав до́ма, мы пое́хали в центр го́рода.
3. Погуля́в по ле́су, ребя́та пошли́ на бе́рег реки́.
4. Позвони́в на вокза́л, Джон пошёл встреча́ть своего́ дру́га.
5. Купи́в сувени́ры в большо́м магази́не, она́ прие́хала ко мне.

b. Собира́я ве́щи, я ду́мала, что мне взять с собо́й.
    Когда́ я собира́ла ве́щи, я ду́мала, что мне взя́ть с собо́й.

    1. Уезжа́я отдыха́ть, он обеща́л ча́сто писа́ть.
    2. Купа́ясь в о́зере, де́ти игра́ли в мяч.
    3. Возвраща́ясь домо́й, я встре́тила дру́га.
    4. Чита́я его́ письмо́, она́ улыба́лась.
    5. Си́дя на берегу́ мо́ря, мы разгова́ривали.

30. Render the following into reported speech.

    Ната́ша спроси́ла Джо́на: «Ты там купа́лся?»
    Ната́ша спроси́ла Джо́на, купа́лся ли он там.

    1. Йра спроси́ла А́лана: «Тебе́ понра́вилось на Ура́ле?»
    2. Бре́нда спроси́ла Са́шу: «Ты лю́бишь Петербу́рг?»
    3. Ната́ша спроси́ла Джо́на: «Ты дово́лен свое́й пое́здкой на Байка́л?»
    4. Йра спроси́ла А́лана: «Ты привёз из Ильме́нского запове́дника сувени́ры?»
    5. Са́ша спроси́л Бре́нду: «Вы гуля́ли но́чью по Петербу́ргу?»

9 ▶ 31. Translate into Russian:

    (telephone conversation)
    — Hi, John!
    — Hi, Anna!
    — Can you hear me well?
    — Perfectly (excellently).
    — How are you vacationing there?
    — Everything is wonderful. The weather is beautiful. Sunshine, the water is warm. . . . I
      am very pleased. And how about you?
    — I'm not having luck with the weather. (There's bad weather here.) It's raining and it's cold.
    — So what are you doing there?
    — I go to the museums, in the evening I watch TV or go to the movies.

32. Continue the dialogues (6-8) lines:

    1. (в аэропорту́)
       — Приве́т, А́лан! Куда́ ты лети́шь?
       . . . .
    2. (на пля́же)
       — Вам здесь нра́вится?
       . . . . . .
    3. (в гостя́х у Бори́са)
       — Бори́с, отку́да у тебя́ така́я интере́сная фотогра́фия?
       . . . . . .
    4. (по́сле кани́кул)
       — Как ты отдохну́л(а)?
       . . . . . .

10 ▶ 33. Insert the correct form of a verb of motion, choosing from the following:

дое́хал, лете́ть, лета́л, пошёл, прие́хал, е́хал, пое́хать, съе́здить, вы́шел, пое́хал.

Чу́дик получи́л о́тпуск, реши́л . . . . к бра́ту на Ура́л. Чу́дик . . . .
. . . . до райо́нного го́рода. Он взял биле́т на по́езд и . . . . в
магази́н, чтобы купи́ть пода́рки. Он купи́л пря́ники и конфе́ты и . . . . .из
магази́на. Вдруг Чу́дик по́нял, что он потеря́л де́ньги. Ему́ на́до бы́ло . . . .
. . обра́тно домо́й за деньга́ми. Чу́дик верну́лся домо́й, взял де́ньги и сно́ва . . . . .
. . . . в райо́нный го́род. До большо́го го́рода Чу́дик . . . .
по́ездом. Отту́да ему́ на́до бы́ло . . . . на самолёте. Ра́ньше Чу́дик
оди́н раз . . . ., и всё-таки он немно́го боя́лся.

34. Find in the reading text «**Чу́дик**» the sentences containing the nouns in the left-hand column and write those sentences down. Find the word in the right-hand column that is close in meaning to the word on the left:

жена́	по́лка
эпизо́д	окно́ в самолёте
пое́здка	кани́кулы
о́тпуск	владе́лец
село́	пило́т
пода́рок	приземле́ние
хозя́ин	супру́га
прила́вок	аэровокза́л
поса́дка	дере́вня
иллюмина́тор	слу́чай
лётчик	путеше́ствие
аэропо́рт	сувени́р

35. Find in the reading text «**Чу́дик**» the sentences containg the verbs in the left-hand column and write those sentences down. Find the verb in the right-hand column that is close in meaning to the one on the left:

случа́ться	е́хать домо́й
взять биле́т	тро́гать рука́ми
положи́ть всё в чемода́н	приземли́ться
волнова́ться	пора́жа́ться
возвраща́ться домо́й	сади́ться
удивля́ться	не́рвнича́ть
снижа́ться	происходи́ть
сесть	убра́ть всё в чемода́н
хвата́ть рука́ми	купи́ть биле́т

36. Replace the participle constructions with **кото́рый** clauses, making all necessary changes.

1. Чу́дик, получи́вший о́тпуск, реши́л съе́здить к бра́ту на Ура́л.
2. Чу́дик рад о́тпуску, полу́ченному на рабо́те.
3. Он уви́дел пятидесятирублёвую бума́жку, лежа́щую на полу́.
4. В самолёте он хоте́л заговори́ть с сосе́дом, чита́ющим газе́ту.
5. Газе́та, чита́емая сосе́дом, совсе́м не интересова́ла Чу́дика.
6. Телегра́мма, напи́санная Чу́диком, не понра́вилась телеграфи́стке.
7. Телеграфи́стка, прочита́вшая телегра́мму, удивлённо посмотре́ла на Чу́дика.

11 ▶ 37. Translate into Russian:

Soon it will be summer vacation. I didn't go anywhere last year because I didn't have any money. I worked all this year as a waiter (waitress) in a restaurant. This year I really want to go to Russia. I have never been there, even though (хотя́) I have been studying Russian for two years. My friend Carla went to Russia in the spring. She brought back a lot of photographs with her, and told me about her trip.

She flew to Moscow *(on an airplane)*. She spent (was) three days in Moscow. She walked a lot around the city. Most of all she liked Red Square and the old part of the city. She was amazed (surprised) by St. Basil's Cathedral (Храм Васи́лия Блаже́нного) and Cathedral Square (Собо́рная пло́щадь) in the Moscow Kremlin.

Then Carla took a train to St. Petersburg (ie. she went to St. Petersburg on a train). She told me that she had never seen such beauty in her life. Petersburg is a city-museum. In the center of the city there is a small street, Rossi street, that is a masterpiece (шеде́вр) of architecture. She really liked Vasilievsky Island (Васи́льевский о́стров) — it is the old part of Petersburg. There is a beautiful view of Palace Embankment (Дворцо́вая на́бережная) from there. Palace Embankment is the most beautiful embankment in Petersburg. The Winter Palace (Зи́мний дворе́ц) is located there.

It's true, that when Carla was in Petersburg in the spring the weather was bad. It rained all the time. But I want to go in June. And in June in Petersburg there are the white nights and the weather is usually good and sunny.

12 ▶ 38. Write a composition describing in detail a memorable episode (the funniest, the saddest, the best, the worst, the most interesting, etc.) from one of your trips.